먼저 읽은 이의 글

주변에 힘들고 지쳐 아파하는 동료 교사들이 늘고 있다. 몸으로 아픔을 드러내지 않더라도 점점 마음의 힘을 잃어가는 선생님이 많아지고 있다. 그런 어려움을 막아보고자 이런저런 연수와 공부에 일과 중 몇 시간씩을 할애하며 노력하지만, 이 또한 쉽지도 만만하지도 않은 일이다. 내가 배운 내용과 방법들을 그대로 따라 적용하는 것이 생각만큼 쉽지 않다. 교실에 에너지를 쏟아 붓는 교사를 지원하고 지켜줘야 할 학교 시스템으로부터 보호받지 못해 좌절하거나 포기하는 경우도 많다. 이 책은 이러한 현실을 불러오는 '트라우마' 진단과 함께 이유와 근거를 촘촘하고 명료하게 짚어나가며 해결 방법과 대안들을 처방전 내밀듯 세세히 안내해준다.

저자는 트라우마에 민감한 렌즈를 통해 교육개혁을 바라보라고 말한다. 트라우마를 단순히 개인의 정신 건강상의 문제로 다루는 것이 아니라 애착, 학습, 학생과 교사의 정서, 스트레스 관리 및 심리치유를 통한 회복, 교육 시스템 변화와 개혁에 이르기까지 방대한 영역의 주제들을 최신 뇌과학과 신경과학 이론에 기반을 두어 설명하고 있다. 또한 트라우마를 경험한 학생들이 왜 상담실이나 치료실이 아닌 교실과 학교의 도움을 받아야 하는지, 어떻게 치유와 회복이 가능한지, 또 교사와 학생이 각자의 에너지를 소진하지 않고 유지, 관리하기 위해 그들을 지원하는 시스템을 어떻게 만들고 바꿀 수 있는지 등 여러 물음에 대하여 '트라우마 공감학교'를 통해 자세히 답하고 있다. 여덟 장의 챕터는 각각 해당 주제의 이론 서적을 압축시켜 놓았다고 할 수 있을 만큼 핵심적인 내용들이 무게감 있게 실려 있고, 한 줄의 문장도 소홀히 넘길 수 없이 중요한 의미를 담고 있다.

책 한 권으로 교육현장이 다 바뀌기를 기대할 수 없고, 그럴 수도 없겠지만 지금까지 우리나라 교육 현장에서 시도하고 시행되었던 개혁과 혁신의 내실이 충분히 만족스럽지 못해 아쉬움을 느꼈던 분이라면 바로 지금, 이 책에서 소개하고 있는 '트라우마 공감학교'를 통해 새로운 해답과 길을 찾을 수 있을 것이다. 트라우마 공감학교! 트라우마를 중심에 두고 세심하게 접근한 교육은 트라우마를 경험하지 않은 아이들에게도 유효한 효과와 혜택을 줄 수 있다. 이 얼마나 매력적인가? 이것 하나만으로도 가슴 떨리게 하기에 충분하지 않은가? 이 책에 소개된 항목들을 찾아 지금 당장 한 가지씩이라도 시도해보고 싶어서 자기도 모르게 가슴이 뛰고, 발바닥이 간질거림을 느끼는 교사와 관리자가 늘어난다면 우리나라에서도 조만간 '트라우마 공감학교'를 표방한 학교의 모습을 볼 수 있지 않을까?

—**박현주**(인천작전초등학교 특수교사)

예전에 근무했던 학교에서 한 해 동안 세 학급의 담임이 도중에 바뀐 적이 있었다. 당시 교과 전담 교사였던 나는 교장교감 선생님의 부탁으로 가장 문제해결이 시급해 보이는 학급의 새 담임을 맡게 되었다.

담임교사가 바뀌는 과정을 고스란히 경험한 학생들의 상처는 생각보다 훨씬 컸다. 첫날 원으로 둘러 앉아 각자 자신의 마음을 나누었다. 아이들의 이야기로 교실은 눈물바다가 되었다. 처음에는 일주일에 두 번씩, 나중에는 한 달에 한 번씩 학급 서클로 만났다. 상처를 표현하는 것이 편하지만은 않았지만 관계성을 쌓아가며 학급은 점차 안정되어갔다. 마음을 열고 소통하는 것이 얼마나 중요한지 느낄 수 있었던 시간이었다.

이 책을 읽으며 '성장할 수 있는 환경을 만들어 주는 것, 아이들과 소통하는 방식을 바꾸는 것, 이것이 열쇠이자 변화의 초점' 이라는 부분에서 절로 고개가 끄덕여졌다. 우리의 학교에서 가장 필요한 것은 '강력한 처벌이 아닌 소통하는 학교 문화'라는 것 그리고 변화를 이끌어내는 데에는 어른들의 변화가 중요하다는 저자의 생각에 동의한다.

미국에서는 1995년 '총기 없는 학교' 법안이 통과되며 불관용 정책이 시작되었다. 이로 인해 학교에서 감옥으로 직행하는 학생들과 관련한 여러 사회 문제를 경험하고 있다. 최근에야 처벌은 행동을 변화시키지 못한다는 인식을 갖고 행동 변화를 이끌어내기 위해 징벌적 접근이 아닌 지원적 접근을 도입하는 방향으로 바뀌고 있다고 한다. 이러한 과정에서 나온 것이 이 책에서 소개된 '트라우마 공감학교'이다. 오늘날 한국사회에서 문제 행동을 하는 학생들에 대한 처벌을 강화하자며 목소리를 높이는 것과 대비되는 모습이다.

미국의 연구와 사례이지만 우리의 교육 문제를 해결해나가는 데에도 중요한 열쇠가 될 수 있을 것이다. 학급을 배움의 공동체로 만들고 싶은 교사, 민주적으로 소통하는 학교를 만들고 싶은 구성원, 함께 성장하는 전문적 학습 공동체에서 꼭 함께 읽어보기를 권한다.

—구소희(인천부내초 교사, 인천북부 상담교육연구회 회장)

어릴 적 상처를 치유하고, 감정을 추스를 수 있게 도와주어야 학생들의 돌출행동을 막을 수 있다는 내용은 학생들 지도에 어려움을 겪고 있는 교사들에게 학생을 대하는 관점을 전환해야 한다는 새로운 도전으로 와닿는다.

'트라우마'라는 단어가 주는 어감 역시 '트라우마'적이다. 하지만 이 책에서처럼 우리 마음속 '트라우마'라는 단어가 '공감'이라는 단어와 나란히 자리하는 순간, 우리는 학생을 그리고 교육을 바라보는 관점을 바꿀 수 있게 된다.

여러 사례와 함께 각자 자기 자리에서 할 수 있는 일이 구체적으로 명시되어 있는 이 책이 우선 우리나라 교육종사자들의 사고전환 지침서로 활용되길 기대한다. 이 책은 막연하게 '좋은 학교'를 말하는 게 아니라, 아이들은 즐겁게 배울 수 있고 교사들은 편안히 가르칠 수 있으며 관리자들은 성공적으로 운영할 수 있는 학교를 만드는 길을 구체적으로 안내한다. 실패하는 아이들의 문제가 단지 '노오력'이 부족하기 때문이라고 생각하지 않는 세상 모든 어른에게 이 책을 권하고 싶다.

—박점숙(안산성호중학교 교장)

공격적이고 폭력적인 아이들, 학습에 무기력하고 친구들과 잘 어울리지 못하는 아이들, 수업을 방해하거나 교사의 말을 듣지 않는 아이들을 매일 만나는 일은 고통스럽다. 아이들의 일탈 행동에 대한 지배적인 설명은 나쁜 선택 또는 고의적인 반항 때문에 일어난다는 것이다. 그래서 학교는 처벌을 강화하는 불관용 정책을 사용한다. 그러나 돌출행동이나 부적응하는 아이들을 다른 곳으로 쫓아내거나 어찌할 바를 몰라 손을 놓고 바라보는 것만으로는 충분하지 않다.

저자는 아이들이 겪는 어려움이 트라우마에서 비롯된 것이라고 진단한다. 트라우마로 인한 심한 스트레스로 뇌에 손상을 입을 수 있고, 원만한 학습 능력에 방해를 받는다는 연구 결과를 들려준다. 그렇다면 트라우마를 겪은 아이들을 어떻게 마주하고 도움을 줄 수 있을까. 이 책은 트라우마를 겪은 아이들의 특징, 트라우마가 학습 의욕과 대인관계에 미치는 영향, 대처방법과 회복력을 얻는 방법을 배울 수 있도록 구체적인 실천방안을 제시하고 있다. 『트라우마 공감학교』는 움츠린 교육현장에 봄꽃처럼 신선한 희망의 바람을 불러일으키며 교육공동체의 다양한 실천을 이끌 것이다.

-**조두형**(발곡고등학교 교사, 참여소통교육모임 회장)

반 아이들 모두를 상담실로 보내고 싶다는 어느 담임 선생님 말이 농담으로 들리지 않는다. 어린 시절의 부정적인 경험이 트라우마가 되어 학습은커녕 일상생활조차 어려운 아이들이 늘고 있으며 교사들은 무기력과 분노를 느낀다. 이 책을 읽으며 다시금 교육이 가능한 학교의 모습을 상상하고 구체적으로 행동할 수 있겠다는 생각에 가슴이 벅차오른다. 반갑고도 감사한 이 기분을 교육현장의 모두와 나누고 싶다.

-**김대운**(무안교육지원청 Wee센터 전문상담교사)

'트라우마 공감학교'라니! 단어만으로도 눈앞이 환해진다. 학교 폭력과 왕따로 얼룩진 우리의 학교에 이 책이 희망을 제시할거라고 믿어 의심치 않는다. 그것도 매우 구체적인 방식으로. 이 책은 트라우마로 고통받는 학생들을 돕고자 하는 교사들을 위한 매우 실용적인 이론 설명과 구체적인 도움방식을 제시하고 있다. 학생들과 함께 트라우마 공감학교로 나아가는 과정은 학생뿐 아니라 선생님에게도 회복의 길이 될 것이다. 이 책이 그 길에 든든한 동반자가 될 것이다.

-**김은지**(전 단원고등학교 스쿨닥터, 마음토닥정신건강의학과 원장)

트라우마
공감학교

상처받은 아이들과 교사들이 함께 공감하는 학교 만들기

트라우마 공감학교

수잔 크레이그 지음 김현수 옮김

에듀니티

서문

미국 교육 체계 전 영역에서 거대한 변화의 물결이 일어나고 있습니다. 비록 느리긴 하지만 틀림없이 일어나고 있습니다. 한때 많은 학교가 시행하던 강력하고 가혹한 학교 규율들은 폐기되거나 사라지고, 대신 학생에게 온정적이고 아낌없는 지지를 베푸는 학교가 늘고 있습니다. 많은 학교가 새로운 경향에 동조하고 있습니다.

　현장에서 나타나는 새로운 변화는 간단명료합니다. 잘못된 행동을 처벌하는 대신, 아이들이 목표한 바를 이뤄낼 수 있는 환경을 조성해주는 것입니다. 성공을 위한 열쇠는 어른들의 변화에 달려 있다는 인식도 퍼지기 시작했습니다. 즉 교사와 학교 관리자 들이 아이들과 소통하는 방식을 바꾸는 것, 이것이 그 열쇠이자 변화의 초점입니다. 이런 변화를 통해 아이들은 마치 마법처럼 싸움이나 돌출 행동, 수업 거부 같은 행동을 줄여나갈 것입니다. 그뿐 아니라 아이들은 학교생활에 더 흥미를 느끼고, 행복해하고, 또 안정감을 느끼게 될 것입니다.

　미국의 교육제도가 길을 잘못 든 것은 1995년의 일이었습니다. 미국 의회가 1994년 「총기 없는 학교」 법안을 통과시킨 지 불과 1년 만에 많은 학교에서 전면적인 불관용 정책을 채택하기 시작했고, 미국 전역의 학교들에 불관용 정책이 들불처럼 번졌습니다. 그 후 불관용 정책을 시험 점수를 올리는 수단으로 활용하거나, 문제아들을 쫓아낼 구실로 활용하는 등 정책 본래의 취지가 왜곡되는 경우가 발생하기 시작했습니다. 결과적으로 수업 방해가 줄어들고 공부를 못하는 아이들이 학교에서 사라진 것으로 보이고, 일시적으로나마 학교의 평균 성적이 향상된 것처럼 보이기는 했을 것입니다.

그러나 이 과정에서 정학과 퇴학이 터무니없이 급증했습니다. 미국 교육통계청(NCES: National Center for Education Statistics)의 2011년도 보고서에 따르면 2007년, 재학하고 있는 모든 공립 고등학교 학생들의 무려 4분의 1이 학창시절 동안 한 번 이상 정학 조치를 받은 적이 있다는 충격적인 결과가 발표되기도 했습니다. 이 수치는 유색 인종에서 더 높게 나타났는데, 히스패닉계 소년의 3분의 1, 흑인 소년의 57%가 학교에서 한 번 이상 쫓겨난 적이 있었습니다.

더욱 말도 안 되는 건 이렇게 정학이나 퇴학 조치를 받은 학생들 가운데 무기 소지나 마약에 연루된 잘못을 저지른 경우는 불과 5%밖에 안 된다는 점입니다. 그렇다면 나머지 95%는 무슨 잘못을 저질렀을까요? '혼란 유발' 그리고 '기타 등등'입니다. 이 '기타 등등' 항목에는 휴대전화 사용, 복장 규정 위반, 교사의 지시에 대한 불응, 미술 과제를 위해 교실에 가위를 가져온 것, 친구에게 생리통 약을 건네준 것, 심지어 방귀를 뀌었다는 이유로 처벌을 받은 사례도 있었습니다.

그러나 처벌이 행동을 변화시키진 않습니다. 과도한 정학과 퇴학은 학교에서 감옥으로 가는 지름길을 만들어준 것에 불과했습니다. 불관용 정책은 아이들의 행동을 실질적으로 변화시키지 못했습니다. 경찰이 많아져야 했고 법원과 구치소 비용이 늘어야 했으며, 소득 감소와 세금 손실 때문에 한 명의 학생이 낙오될 때마다 한 명의 납세자가 29만 2천 달러의 부담을 져야 했습니다(「Dropout Nation」, PBS 다큐멘터리, 2012).

이 흐름을 중단하기 위한 시도, 즉 징벌적 접근에서 지원적 접근으로의 변화 시도는 서로 다른 두 집단에서 출발하여 현재에 이르고 있습니다. 하나는 품행 장애가 있는 아이들을 가르치거나 학교생활을 비롯해 일상생활 속에서의 폭력(특히 총기류에 의한 폭력)에 대처할 수 있도록 아이들을 돕는 교육자들이고, 다른 하나는 형사 사법제도에서 발전된 회복적 정의 실천을 교육 현장에 응용하고 있던 분들입니다. 이러한 지원적 접근은 아이들의 사회적, 정서적 삶에 초점을 맞추고 아이들이 존경과 공감, 위기에 대처하는 법을 배울 수 있도록 돕는 방식입니다. 교사들이 문제 학생을 교장실로 보내는 대신 학급 안에서 대부분의 일을 해결할 수 있는 학교를 만들고자 하는 것입니다.

이 방안들은 현재 '학교 내 트라우마를 위한 긍정적 행동개입(PBIS: Positive Behavioral Intervention for Trauma in School)', '안전한 시민학교(Safe & Civil Schools)', '학교 내 트라우마를 위한 인지적 행동개입(CBITS: Cognitive Behavioral Intervention for Trauma in Schools)' 등으로 불리고 있습니다.

최근 주목받고 있는 한 연구가 있는데, 그 연구는 지금 이런 방법들만으로는 충분하지 않다고 주장하고 있습니다. 인간 발달의 통합과학, 통칭 '모든 것의 이론'이라고 불리는 이 새로운 연구는 정신건강, 약물 오남용, 사회복지 서비스와 소아과 그리고 유소년 사법제도 분야에 이르는 여러 영역에서 일대 변혁을 일으키고 있습니다. 이 연구는 또한 미국질병통제센터(CDC: Centers for Disease Control and Prevention)와 카이저 퍼머넌트(미국 의료보험업체)의 「아동기의 부정적 경험에 관한 연구(http://www.cdc.gov/violenceprevention/acestudy/)」 그리고 극심한 스트레스가 주는 신경생물학적 영향과 생물의학적 영향, 그에 따른 후생적 결과 및 회복력 연구에 관한 내용도 담고 있습니다(나카자와,

2015).

간단히 정리하자면, 이 연구는 아이들은 트라우마로 인한 심한 스트레스로 뇌에 손상을 입을 수 있고, 원활한 학습 능력에 방해를 받는다는 것을 보여줍니다. 징벌적인 학교 규율 정책은 트라우마에서 비롯된 극심한 스트레스를 겪는 아이들에게 도움을 주기는커녕 트라우마를 가중시킬 뿐이라는 사실을 제시하며, 또한 실패하는 아이들의 문제가 '노력이 부족한 것'이라고 하면서 '더 노력하면 목표를 이룰 수 있다'라는 오래된 편견을 깨뜨려줍니다.

수잔 크레이그Susan Craig의 『트라우마 공감학교Trauma Sensitive Schools』는 이러한 흐름에서 나왔습니다. 이 책을 통해 저자는 학습 환경의 안전과 학업적 성공을 위해서는 트라우마에 관한 지식이 필수적이라는 점을 강조하고 있습니다.

학교들이 학생들의 트라우마를 심각하게 인지하고 교육적인 해결을 위해 노력해야만 실패하지 않는 학교 개혁을 할 수 있습니다. 트라우마는 단순한 정신 건강상의 문제 중 하나가 아닙니다. 트라우마란 커다란 교육적 문제이며, 지금처럼 이 문제가 방치되면 수많은 아이가 학업 성취라는 궤도에서 이탈할 것입니다.

트라우마 공감학교에서는 아이들을 격려하며 아이들이 행복한 상태에 이르게 돕고, 자연스럽게 학습에 임할 수 있도록 지원하는 '회복력 향상 연습Resilence building practice'을 제공합니다. 아이들이 안정되면 교사도 더 행복해지고, 스트레스가 줄어 일에 매진할 수 있게 될 것입니다.

트라우마 문제를 이해하는, 혹은 트라우마의 이해와 인지에 기반한 학교를 표방하는 학교들이 생겨난 지는 아직 10년이 채 되지 않았지만, 훌륭한 아이디어를 제공하는 교육자들이 계속 나타남으로써 워싱턴주나 매사추세츠주, 캘리포니아주와 뉴욕시 등 미국 전역에서 새로운 실천을 시작하는 학교가 늘어나고 있습니다.

트라우마 공감학교들이 특히 주목받는 것은 이 학교들이 돌출 행동을 하는 아이들에게만 정성을 쏟는 것이 아니기 때문입니다. 이곳의 교사와 관리자들은 트라우마에 대한 아이들의 기본 반응이 싸움뿐만 아니라 회피나 공포감 등으로도 나타난다는 사실을 이해하고 있으며, 말을 듣지 않거나 수업 시간에 잠을 자는 아이들뿐 아니라 교실에서, 식당에서, 또는 놀이터에서 친구들과 어울리지 못하는 고립된 아이들에게도 도움을 줄 방법을 모색합니다. 이런 아이들은 학교에서 쫓겨날 위험이 있는 아이들이 아니라 교육에서 낙오될지도 모르는 아이들이기 때문입니다.

이 책은 교사들이나 관리자들이 트라우마 공감학교를 만들 수 있도록 도와줄 것입니다. 특히 다음과 같은 중요한 실마리를 제공할 것입니다.

1. 트라우마를 입고 등교한 아이들이 다시 트라우마를 겪지 않게 한다.
2. 돌출 행동으로 트라우마를 표출하는 아이들뿐만 아니라 트라우마 때문에 위축된 아이들도 도울 수 있어야 한다.
3. 아이들은 배울 수 있고, 교사는 가르칠 수 있으며, 관리자들은 성공적인 학교를 운영할 수 있는 사회정서적으로 안전한 환경을 만들어야 한다.

트라우마 공감학교는 미국 교육의 위기와 함께 등장했습니다. 워싱턴주가 자체적으로 조사한 바에 따르면, 어린 시절의 트라우마 기억이 있는 아이들이 학급 내 30명 중 절반이 넘었다고 합니다(Anda & Brown, 2010). 이는 워싱턴주만의 현상이 아닙니다. 미국 전역에서 아이들의 어린 시절은 더욱 불우해졌고, 이런 경험으로 인해 아이들은 어려움을 품고 자라나고 있습니다. 그 불행한 기억을 간직한 채 아이가 학교에 올 때 무엇이 함께 따라올지, 그 아이들의 행동이 주변에 어떤 영향을 미칠지는 가늠하기가 어렵습니다. 트라우마를 세심하게 다룰 수 있어야만 비로소 그런 영향들에 대처할 수 있을 것입니다. 교실에서 일하는 교사들은 매일같이 그런 아이들을 만나 일상을 함께 보내고 있습니다. 이것이 오늘날 우리 교사들의 현실입니다.

- 제인 엘렌 스티븐스 Jane Ellen Stevens
부정적 아동기 경험을 위한 사회적 네트워크ACEs Connection Network
설립자이자 출판인

차례

서문_제인 앨렌 스티븐스   4

들어가며   13

1장 트라우마 공감학교 만들기   19
    -학교 변화를 위한 자원

2장 학생들의 트라우마 다루기   37
    -교육개혁이 놓치고 있는 요소

3장 애착의 신경학   55
    -돌봄의 중요성

4장 트라우마가 학습 의욕에 미치는 영향   83
    -트라우마와 인지 발달

5장 트라우마 공감학교의 교사   111
    -상처받은 아이들을 위한 새로운 수업과 활동 디자인

6장 자연이 주는 또 한 번의 기회 ... 137
　-성찰하는 뇌 만들기

7장 교사의 상처와 소진 ... 161
　-교사에게 일어나는 감정 손상 인지하기

8장 진보하는 학교 ... 183
　-트라우마 공감학교를 향한 변화 준비하기

부록 A 교사 연수를 위한 자료 ... 204

부록 B 당신의 ACE 점수는? ... 213

옮기고 나서_김현수 ... 215

참고문헌 ... 221

찾아보기 ... 232

■ **일러두기**

1. 전문용어의 설명이 필요한 경우 옮긴이 주를 '역주'로 편집자 주를 '편주'로 구분하여 표기했습니다. 그 외의 괄호 안 설명은 모두 지은이주입니다.
2. 책과 영화는 『 』로 묶고 원어명을 병기했으며, 법안, 방송프로그램, 곡명, 논문 등은 「 」로 표기했습니다.

들어가며

폭력과 인지 발달의 관계를 이해하려는 마음이 생긴 것은 1980년대 초, 내가 학교에서 읽기 교사로 일하던 때였다. 나는 왜 그리 많은 아이들-어리고 목표 달성에 있어 매우 적극적인 시기의 아동들-이 학습 장애나 발달 장애의 기준에 해당하지 않는데도 불구하고 읽기를 못 해내는지 알고 싶었다. 이 의문에 이끌려 나는 뉴햄프셔 대학원 가족 연구소에서 박사과정 연구를 수행했고, 폭력이 아동의 인지 발달에 미치는 영향을 주제로 한 논문을 완성했다. 연구 결과는 언어 발달, 기억력, 주의력, 통제 소재 등에서 아동이 보이는 결함과 가정 폭력 노출 사이의 관련성을 분명히 보여주었다. 양자 간 관계의 인과성을 놓고 우려가 제기되었고 그로 인해 폭력이 발달에 미치는 영향력 연구의 결론이 가지는 설득력은 그만큼 더 커졌다.

내가 『파이 델타 카판Phi Delta Kappan』(1992)에 「폭력 속에서 생활하는 아동에게 필요한 교육」이라는 글을 썼던 1992년에도 인과 관계를 둘러싼 의견 차이는 여전히 쟁점으로 남아 있었다. 학대와 방임이 발달 이상의 원인이라는 주장을 펴는 이들도 있었고(Money, 1982), 발달 장애 아동은 양육하기가 더 어려워서 거칠게 다루어질 위험이 늘어나는 것이라는 견해를 선호하는 이들도 있었다(Martin, 1979).

이후 「부정적 아동기 경험 후향 연구」(Felitti, Anda, Nordenberg, Williamson, Spitz, Edwards, & Marks, 1998)와 「아동 신경 발달에 관한

연구」(아동 발달 국립과학센터, 2005, 2006, 2007, 2012)가 이 문제의 해답을 찾아냈다. 이제 폭력과 독성 스트레스에의 만성적 노출이 아동의 정상적인 발달 과정을 방해한다는 데 의심을 품는 사람은 없다(Perkins & Craham-Bermann, 2012). 이 경험들은 아동의 뇌 구성을 바꾸게 만드는데, 이러한 변화는 학업이나 사회관계를 능숙하게 해낼 능력을 위태롭게 하는 양상으로 일어난다. 이런 사태가 그대로 방치된다면 아동뿐만 아니라 어른의 건강과 행복에도 나쁜 영향을 끼칠 수 있다(Karr-Morse & Wiley, 2012). 그러나 이 연구들이 보여주는 것이 나쁜 것만 있는 것은 아니다. 뇌 발달은 매우 역동적으로 진행되는 과정으로, 인간의 수명이 다할 때까지 일정한 가소성, 즉 적응하는 능력이 계속 유지된다. 뇌 발달이 지닌 이러한 변화의 능력은 초기 트라우마의 영향이 삶에서 반전될 수 있다는 희망의 근거가 되어준다(미국 어린이 트라우마 스트레스 네트워크National Child Traumatic Stress Network, 2009). 맞춤형 지도와 정서적 지원이 함께한다면 트라우마를 겪은 아동도 얼마든지 회복될 수 있다.

유감스럽게도 신경과학에서 일어나고 있는 새로운 진전은 교육개혁 논의에서 아직 주목의 대상이 되지 못하고 있다. 1990년대 이후로는 얼마든지 사용 가능한데도 이 연구는 이 나라의 교육 정책에 영향을 미치지 못하고 있으며, 교육 학술지나 출판물에서 논의되는 일 또한 없다. 교육청이나 교육대학들의 경우에도 트라우마가 뇌 발달에 주는 효과나 학업 성취에 미치는 영향 그리고 트라우마가 만들어내는 발달상의 문제들을 개선할 수 있는 검증된 방법 등에 대한 정보를 제공하는 곳은 아쉽게도 아직 거의 없다.

연결되지 못하는 이유는 무엇일까?

눈에 보이는 단절의 한 가지 이유로 큰 규모의 전문적 조직의 구성요소들이 전문 영역의 틀을 벗어나지 않으면서 타 요소들과의 상호 소통에 실패할 때 발생하는 이른바 '사일로 효과silo effect'(칸막이 효과)라고 하는 것을 들 수 있다(Ensor, 1988). 교육 분야에서는 교육과정 전문가와 평가 전문가, K-5 교사와 중학교 교사 간에 접촉과 소통이 없는 것이 좋은 예다.

사일로 효과의 영향을 받는 한 그룹의 관점으로 보면, 다른 그룹이 아예 보이지 않을 수도 있다. 그 결과 소통이 좌절되고 에너지가 낭비되며 정보를 교환하거나 정책 개발을 공유할 기회를 놓치게 된다. 예를 들어, 장애가 있는 아동들이 직접 글로 쓰는 과제를 마치는 데 필요한 적응형 장비나 편의 공간을 교사들은 제공하기 어렵다. 좌절을 견디는 능력이 부족한 아동이 새롭고 도전적인 상황에서 침착함을 유지할 수 있도록 도와주는 효과적인 전략들에 관한 정보가 그런 아동을 대하는 다른 전문가들에게 전달되지 않는 경우 또한 그 예다.

사일로 효과는 21세기 이후 추진된 여러 교육개혁 노력이 실패한 것에 대한 일부 설명이 될 수 있다. 「아동 낙오 방지법(NCLB, 2001)」이 통과되면서 교육개혁을 위한 노력은 높은 성취 수준의 설정과 시험점수에 근거한 교사 책임에 초점을 맞추었다(Zhao, 2014). '일등 경쟁Race to the Top'은 성취 수준을 끌어올리고 교사의 효율을 개선하며 전면적인 효과를 낼 수 있도록 추진하는 개혁을 약속하는 것이었다. 교육계의 뜻은 가상했지만 두 가지의 노력 가운데 어느 것도 교육계 외부에서 개발된 중요한 정보나 연구를 포함하지 않았다. 구체적으로, 뇌 발달과 이 발달이 아동의 학습 및 행동에 미치는 효과에 관해 현재 찾아

쓸 수 있는 다양한 신경과학 연구들(Caine & Caine, 1990; Jensen, 2008; Willis, 2008)의 영향들은 도외시되었다. 아동기의 역경, 신경 발달, 학업 성취 사이의 관계에 관해 당장이라도 찾아서 참조할 수 있을 만한 설명들에도 일체 관심을 두지 않았다.

『트라우마 공감학교』는 교육 사일로와 신경과학 사일로의 구성원들 사이의 대화를 촉발하고자 한다. 다학제적 접근을 통해 만들어낸 지식을 갖추게 되는 정책 입안자라야 트라우마에 민감한 렌즈를 통해 교육개혁을 바라볼 수 있다. 이 렌즈는 트라우마로 인해 치르게 될 큰 대가를 미리 알아보고, 트라우마의 증상들이 매우 광범위함을 인식하며, 또한 실패의 치유 수단으로서의 회복력을 끌어올려 줄 수 있다.

책의 구성

'1장 트라우마 공감학교 만들기-학교 변화를 위한 자원'에서는 트라우마 공감학교 운동이 어떤 길을 걸어왔는지를 살핀다. 트라우마를 인지하고 이해하는 이 교육법의 가설들뿐만 아니라 이 모델의 주요 구성요소를 소개하고, 이 접근을 구현하는 것이 교육개혁에 있어 어떠한 의미를 가지는지를 논의한다.

'2장 학생들의 트라우마 다루기-교육개혁이 놓치고 있는 요소'에서는 어릴 적 트라우마가 추후 아이들의 학업적, 사회적 성공을 위협하는 발달상 결함의 패턴들과 맺는 인과 관계를 발견한 연구에 대하여 다룬다.

'3장 애착의 신경학-돌봄의 중요성'에서는 뇌의 사회적 본성을 다루는데, 특히 아동의 초기 경험이 관계를 형성하고 지속하는 능력을 어떻게 발현해내는가에 역점을 두어 살핀다. 또 애착 관계가 어째서 모든 발달의 시작점으로 작용하며, 애착이 왜 자기 자신을 객관화하거나 타인을 인지하는 데 필요한 것인지를 설명한다. 또한 트라우마를 입은 아이들과의 관계 맺기 전략, 재발이나 반항을 고통스럽게 반복하는 것을 피할 수 있는 전략들을 소개한다. 마지막으로, 학교 안에서의 긍정적인 애착 관계가 어떻게 아동기 트라우마의 마비 효과를 극복하기 위한 용기를 얻을 수 있게 해주는지를 논의한다.

'4장 트라우마가 학습 의욕에 미치는 영향-트라우마와 인지 발달'에서는 아동기 트라우마가 아이들의 학업과 사회 적응성에 미치는 영향에 대해 상세한 설명을 제공한다. 뇌의 구조 및 기능의 변화가 아이들에게 있어 의사표현을 위한 사고, 언어, 기억력, 주의력, 집행 기능에 어떤 영향을 끼치는지 다루고, 더불어 이런 장애를 극복하도록 아이들을 도와줄 방법에 관한 조언도 담고 있다.

'5장 트라우마 공감학교의 교사-상처받은 아이들을 위한 새로운 수업과 활동 디자인'은 아동의 신경 발달 및 일상적인 교육 활동들에 대한 논의로 시작한다. 차별화된 교육과 문답식 수업의 장점들을 검토하고, 그것들이 각각 아이들의 성취감과 자의식 발달에 어떻게 도움을 주는지 다룬다. 또 세분화한 개입 시스템뿐만 아니라 교사들이 학생들과 협력적인 파트너십을 구축할 때 사용할 수 있는 전략들을 제시한다.

'6장 자연이 주는 또 한 번의 기회-성찰하는 뇌 만들기'에서는 뇌의 피질 영역 개발에 긍정적인 영향을 미치는 바람직한 교육 전략을 독자들에게 안내하며, 자기성찰, 마음챙김(매 순간에 대해 자각하는 것, 또는 그러기 위한 명상법을 의미하는 심리학 용어.-편주) 및 새로운 정보의 시스템적 통합을 촉진하는 활동들을 강조한다. 이러한 각각의 활동은 아동기 트라우마를 겪은 아이들에게 기본적으로 취약한 자기조절 능력을 담당하는 신경 통로를 강화한다.

'7장 교사의 상처와 소진-교사에게 일어나는 감정 손상 인지하기'에서는 트라우마를 겪은 아이들과 함께 일하는 것이 얼마나 정서적인 희생을 요구하는지와 더불어 이것이 교사 수 감소 현상과 관련이 될 수도 있다는 점에 대하여 살핀다. 교사들에게 트라우마의 전염성을 알리는 훈련의 필요성을 제시하고 교사의 회복력 증진법을 논의한다.

'8장 진보하는 학교-트라우마 공감학교를 향한 변화 준비하기'는 학교들이 트라우마에 세심한 접근을 채택할 때 고려해야 할 조치들에 대한 개관이다. 이 조치들에는 제안된 변화의 복잡성에 관한 이해와 더불어 변화 과정을 향한 열정과 지속적 지원을 위해 필요한 재원 또한 포함된다. 지역 및 현장에서 리더십의 역할에 더해 과정 평가와 학생의 성과 평가의 필요성도 논의한다.

결론

한 권의 책이 트라우마와 학습에 관련된 모든 문제를 풀 수는 없겠지만, 공립학교라는 중요한 기관의 존폐를 위협하는 문제에 대한 인식을 높일 수는 있을 것이다. 진정한 학교 개혁의 길을 걷기 위해 교육자들에게 필요한 것은 신경과학을 통한 통찰력으로 아이들의 학업적, 사회적 능력을 저해하는 장벽을 꿰뚫어 보는 능력이다. 『트라우마 공감학교』의 목표는 바로 교육자들에게 그러한 길을 알려주는 가이드가 되어주는 것이다.

1장
트라우마 공감학교 만들기
학교 변화를 위한 자원

실체가 무엇인지 말할 수 없는 것이라면 잠재울 수 있는 것 또한 아니다.
상처는 세대를 이어 계속 곪아간다.

—브루노 베텔하임Bruno Bettelheim

트라우마 공감학교가 특별히 중요하게 여기는 것은 안전, 권한 강화, 그리고 아동과 어른의 협력적 파트너십이다. 이 모델에서는 아동의 부정적인 행동을 신체적, 정서적 또는 사회적 학대가 낳은 '상처'의 직간접적 결과물로 본다.

이 장에서는 '천편일률적인one size fits all' 교육의 실패에 대하여, 특히 어린 시절 트라우마를 겪은 아이들과 관련지어 다룬다. 트라우마와 아이들의 학업 및 사회적 관계의 실패 사이의 관련성을 밝힌 연구 결과는 학생들의 부정적인 행동을 이해하는 새로운 패러다임을 제시해 준다. 트라우마 공감학교가 제공하는 도움들의 전제와 주요 요소들을 이해하면, 교육자들은 그것들을 학교생활의 모든 측면에 녹아들게 할 최선의 방법을 찾을 수 있게 될 것이다.

트라우마 공감학교 운동의 중요성

트라우마 공감학교 운동은 아동의 학업적, 사회적 문제들을 관찰하는 교육자들이 가진 기존의 패러다임을 바꾸고 있는 다음과 같은 여러 현상들이 하나의 물줄기로 합류하여 나온 결과물이다.

- 많은 학교가 여전히 골머리를 썩이고 있는 학교 안전, 왕따 그리고 학업 실패의 문제를 해결하기 위해 시행한 '불관용 정책[zero-tolerance policies]'의 실패.
- 어린 시절 겪은 트라우마와 학업 실패가 상관관계에 있음을 뒷받침하는 증거들의 증가(Annie E. Casey Foundation, 2013; Institute of Medicine of the Nationnal Academics, 2013; Perkins & Graham-

Bermann, 2012).

- 아이들의 일탈 행동과 이를 줄여가기 위한 최적의 방법에 대한 새로운 이해(Perry, 2013).

이러한 현상들은 아이들의 성공을 돕고 격려하기 위한 새로운 비전, 즉 '트라우마 공감학교'의 비전과 잇닿아 있다.

불관용 정책의 실패

1999년 컬럼바인 고교 총기 난사 사건 이후로, 학교들은 학교폭력을 억제하려는 목적으로 불관용 정책의 규율을 기꺼이 수용했다. 이러한 규율들은 개별적 상황에 대한 고려 없이 아이들에게 높은 수준의 처벌을 가하고, 이로 인해 학교와 경찰의 경계가 모호해지는 사태를 야기한다. 그 결과 많은 학교가 가벼운 비행을 다스리는 데에도 사법기관에 의존하는 실정이 되었다(Elais, 2013).

불관용 정책은 학교의 안전을 개선하기보다는 아이가 지각을 하거나 성질을 부리거나 평온을 어지럽혔다는 등의 이유만으로 체포될 위험성을 높였다. 많은 주에서 아이들을 감옥에 보내는 것을 통제 불가능한 아이들에게 마땅한 교육적 조치라고 간주하는 경향이 강해지고 있다.

학교에서 감옥으로 향하는 이 직행 루트school to prison pipeline에서 유색인종 아이들과 정서 장애를 앓는 아동이 차지하는 비율은 비정상적으로 높다(Quinn, Rutherford, & Leone, 2001; Sydner, 2005). 미국 변호사협회(ABA 청소년 사법, 불관용 방침 보고서, 2001), 민권 단체들(Elais, 2013) 그리고 미 상원의원 딕 더빈(Dianis, 2012) 측에서 기울인 노력에도 불구하고, 불관용 정책은 여전히 아이들이 자유롭고 적절한 공교육을 받을 기회를 위협하고 있다. 트라우마 공감학교는 이런 강압적인 규율을 대체할 대안을 제시한다.

트라우마와 학업 실패의 연관성을 드러내는 증거들

트라우마를 겪은 아이들 가운데는 학교생활을 잘 해내는 경우도 가끔 있지만, 대다수는 그렇지 못하다(Craig, 1992. Groves, 2002, Osofsky & Osofsky, 1999). 이 아이들이 학교에서 학업적, 사회적으로 어려움을 겪는 것은 조절 곤란이나 제어 불능의 행동들, 읽기와 같은 기본 기술의 습득에서 겪는 어려움 때문인 듯하다(Annie E. Casey Foundation, 2013; De Bellis, 2006).

잦은 결석과 수업 중 일탈 행동 때문에 교육받는 시간이 줄어들고, 이로 인해 아이들의 주요 교과 지식 간에 격차가 초래된다. 실행 기술의 부족이 자료 정리나 마감 지키기 등의 기능을 어렵게 만드는 한편, 또래 관계에서 겪는 문제는 협력적인 소그룹 활동에서 발휘할 수 있는 아이들의 역량을 제한한다(미국 국립 아카데미 의학 연구소 Institute of Medicine of the National Academies, 2013).

그 결과 트라우마를 겪은 아이들은 표준화된 시험에서 더 낮은 점수를 받게 되고(Cook, Spinazzola, Lanktree, Blaustein, Sprague, Cloitre, 2007), 특수 교육에 위탁되는 경우가 많으며(Jonson-Reid, Drake, Kim, Porterfield, & Han, 2004), 중퇴율이 더 높고(Proche, Fortuna, Lin, & Alegria, 2011), 또래 아이들에 비해 비행에 가담할 확률이 더 높아진다(Lansford, Miller-Johnson, Berlin, Dodge, Bates, & Pettit, 2007).

신경과학이 주는 실마리

신경과학자들은 뇌가 사회적 기관social organ이라는 의견에 동의한다. 뇌는 애착 관계의 맥락을 벗어나지 않는 범위에서 발달하며, 이 관계에 따라 뇌는 건강해지기도 하고 생존의 위협을 받기도 한다. 애착 관계가 신경 가소성, 즉 뇌의 변화 능력과 학습에 미치는 영향에 대한 관점을 제공하는 연구는 무수히 많다(Cozolino, 2013). 이 연구들은 모두 아동의 일탈 행동을 관찰하는 교육자들의 방식 그리고 일탈 행동을 없애기 위해 학교가 맡는 역할에 있어서 패러다임 전환의 신호를 보내고 있다.

일탈 행동 이해하기: 아이들의 일탈 행동에 대한 관례적인 설명은 종종 그런 행동의 의도적인 측면을 강조한다. 즉 일탈 행동은 나쁜 선택, 또는 고의적인 반항 때문에 일어난다는 것이다. 또 우발적인 상황에 대한 바람직한 개입법이 존재하며, 아이들은 모두 올바른 보상을 좇거나 불쾌한 결과를 회피하기 위한 노력을 하기 마련이라고 주장한다. 그러나 이런 기법을 써서는 아동의 행동에 바람직한 변화를 가져올 수 없기에, 많은 교사가 영문도 모르고 허우적거리며 한 발짝도 나아가지 못하는 것이다.

트라우마와 자기 억제에 관한 최근의 연구를 통해 도출된 설명이 하나 있다. 이 설명에 따르면 사람의 위험에 대한 이해는 대뇌피질 바로 밑에 있는 피질 하부와 대뇌피질 사이의 대화에 기반하는데, 이 대화는 일생에 걸쳐 이루어진다. 대뇌피질은 의식이나 고차원적인 사고가 이루어지는 기관이며, 뇌의 바깥층에 해당하고 회백질의 주름들로 이루어져 있다(그림 1.1 참조).

아동기 트라우마는 고차원적 사고를 이용하는 아이들의 능력을 제한한다. 이 아이들의 사고는 끊임없는 공포와 과다각성에게 붙들려버린 '인질'인 것이다. 따라서 이러한 증상은 기존의 방법으로는 억누르거나 없앨 수 없으며, 뇌간腦幹의 활동을 완화하기 위한 보다 직접적인 개입을 필요로 한다(Perry, 2013). 걷기, 춤추기, 노래 부르기, 명상호흡과 같은 양식화된 활동은 좀 더 차분한 인지 상태로 돌아가 문제 해결과 보다 고차원적인 사고가 가능할 수 있도록 해준다(Wiley, 2004).

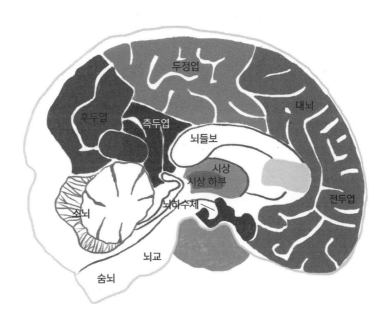

그림 1.1 인간 뇌의 도표

신경경로 강화하기: 학교생활 중 트라우마로 입은 상처를 회복시키기 위한 가장 중요한 첫걸음은 아이들이 편안한 기분으로 학습에 열린 자세를 가질 수 있게 하는 것이다. 편안한 수준의 각성 상태는 아이들이 뇌의 유연성을 이용해 학습 활동에 몰두할 수 있게 해주며, 어린 시절에 트라우마를 입은 대뇌피질 영역을 강화시켜 뇌의 가소성을 끌어올려 줄 수 있다. 실천적인 기술 배우기나 언어 사용의 격려, 충동 다루기 등은 뇌 가소성을 향상시키는 방법에 해당한다(Perkins & Graham-Bermann, 2012).

트라우마를 겪은 아이들에게 유효한 교수법으로는 주요 개념들을 더욱 명료하게 하여 기존의 지식에 새로운 정보를 쌓아 올릴 수 있도록 하는 것, 목적의식을 가지고 교실에서의 대화를 활용하는 것, 또래 친구들과의 협력 활동에 대해 직접적인 지침을 주는 것 등이 있다. 이런 교육법이 반복적으로 꾸준히 시행되면 아이들은 자신의 뇌를 활용하여 과거의 트라우마가 만들어놓은 한계를 뛰어넘어 앞으로 나아갈 수 있게 된다.

급증하는 아동기 트라우마에 대처하는 법

개혁의 효과를 내기 위한 여러 노력에도 불구하고 공립학교들은 계속해서 어려운 상황을 벗어나지 못하고 있다. 한때 존경받던 교육기관의 몰락을 설명하는 여러 가지 이유가 제시되고 있다. 예를 들면 교사 수행실적의 저조(New America Foundation, 2013), 학생들 사이의 경제적 격차(Duncan & Murnane, 2011) 그리고 기존의 가르침과 21세기의 사회 및 경제 환경이 요구하는 능력 사이의 극명한 단절(Cozolino, 2013)

등이다.

　현재의 학생 집단 안에 해결되지 않은 트라우마를 가진 아동이 상당히 많다는 점은 대개 놓치고 있었다(Oehlberg, 2012). 공공의 건강을 위협하는 이 유행병에 효과적으로 개입하기 위한 틀을 마련해온 매사추세츠 아동 권익 옹호 활동가들(Cole, O'Brien, Gadd, Ristuccia, Wallace, & Gregory, 2005)이 2005년에 새로운 안을 제시했다.

　트라우마 공감학교trauma-sensitive schools라는 용어는 학교 분위기, 수업 설계, 긍정적 행동 지원, 트라우마를 겪은 아이들이 학업 및 사회적 성취를 이루는 데 필요한 방침에 관해 기술하기 위해 만들어졌다. 매사추세츠주에서의 이런 노력 이후로 현재 캘리포니아, 펜실베이니아, 워싱턴, 위스콘신주에서도 취학 연령기의 아이들 사이에 트라우마가 만연하고 있다는 사실에 동의하고, 트라우마 공감학교를 조성하는 개혁의 필요성을 전 국민적 관심사로 만들기 위해 함께 노력하고 있다. 2011년, 워싱턴은 미국에서 트라우마 공감적 접근을 지원하는 주 입법을 통과시킨 첫 번째 주가 되었다. 「H.R. 1965」(Wash. 2011)의 계획에는 부정적 아동기 경험을 예방하고 축소하기 위한 혁신적 전략에 대한 확인과 홍보가 담겨 있다. 2013년에 펜실베이니아가 뒤를 따라 트라우마 인지 기반 교육을 주 차원에서 지원하도록 하는 「H.R. 191」(Penn. 2012)을 통과시켰고, 매사추세츠에서도 2014년 8월 13일 '안전하고 지지적인 학교safe and supportive schools'를 의무화하는 「H.B. 3528」(Mass. 2014)이 법률로 제정되었다.

트라우마 공감학교 가설

아이들은 모두 관계 맺기, 친숙해지기, 신뢰, 자율, 사랑에 대한 기본
적인 욕구를 가지고 태어난다. 이러한 욕구가 일관되고 편안한 방식으
로 충족될 때 아동은 의존과 상호의존의 한도를 시험해보는 법을 배
운다. 이 튼튼한 기반으로부터 학습을 향한 자신감이 생기고, 여기에
서 자아가 싹튼다. 긍정적인 돌봄을 받으며 자란 아이들은 변화하는
주변 환경의 기대치에 맞추어 목표를 이루어낼 수 있도록 자기 육체와
소통하며 감정과 행동을 제어할 줄 안다. 이런 아이들은 타인과 서로
도움을 주고받는 관계를 형성하는 것이 가능하다.

양육에 꼭 필요한 관계가 없을 경우, 주요한 능력을 체득하는 아동
의 역량은 감소한다. 양육자의 보호가 부족하면 아이들은 단절과 조
절 장애, 분열, 고립감과 같은 감정을 느끼며 이에 대처하기 위한 생존
전략을 만들어낸다. 이런 적응 또는 생존 전략은 성장과 더불어 삶에
대한 열정과 정신적 회복력, 타인과 의미 있는 관계를 쌓는 아이들의
능력에 심각한 영향을 미친다(Haller & La Pierre, 2012).

아동기의 고난과 그에 뒤따른 행동 사이의 연관 관계를 밝히려면
대인 관계의 맥락에서 아동의 적대적 행동을 살펴야 한다. 이 모델에
서 아이들의 도전적인 행동은 양육자가 가한 '상처'의 직간접적인 결
과물로 인식되며, 이러한 상처에는 신체적, 정신적, 사회적 학대가 모
두 포함된다. 학대는 건강한 뇌 발달에 필요한 사회적 소통력에 영향
을 준다. 뇌가 건강하게 발달하는 과정을 밟는 대신 일련의 생물학적
적응 현상을 겪으면서 뇌, 신경내분비 스트레스 반응과 면역체계가 독
자적이면서도 서로 협력적으로 기능하는 방식을 바꿔버린다(Johnson,
Riley, Granger & Riis, 2013). 이 과정의 적응은 생존하기 위해 어쩔 수

없이 일어나는 일이지만 학교에서 아동이 학업 및 사회 관계의 요구에 응하는 능력을 심각하게 제한한다.

모델의 구성요소

트라우마에 세심한 접근법은 매우 유연한 틀을 가지고 있어서 지역 사회 공동체의 요구에 맞춰 개별화될 수 있다. 그렇지만 트라우마에 공감하는 교육 방식의 실행을 가능케 하는 기본적인 핵심 구성요소 몇 가지를 꼽아볼 수는 있다.

스태프 훈련과 지원: 교사와 관리자들은 기존의 지원과 개입 방식들을 트라우마에 민감한 렌즈를 통해 살필 수 있도록 훈련받아야 한다. 해결되지 않은 트라우마의 특징과 트라우마가 만들어낼 곤란에 대응할 방법을 찾아낼 수 있도록 전문성이 개발되어야 한다. 일상적으로 대처방법이 제공되어야 하며 가까운 정신건강 기관과 긴밀히 협력해야 하고, 위기에 처하거나 즉각적 개입이 요청되는 아이들에 대해 다양한 구조 수단을 언제든지 이용할 수 있도록 보장해야 한다(Craig, 2008). 트라우마에 민감한 관리자들은 교사가 학생과 긍정적인 관계를 유지할 수 있게 돕고, 공감 피로나 트라우마 전염에 의한 2차 피해로 교사가 희생되는 일이 없도록 도와야 한다.

신경 발달을 지원하는 교육법: 현재까지 알려진 뇌의 사회적 특성에 입각해 교육 체계가 아이들의 신경 발달을 촉진할 수 있는지를 검토해야 한다. 아이들은 안전함, 서로 배려하는 관계, 의미 있는 협력 그리고 개념과 창의적 발상에 대해 다양한 감각으로 탐구할 기회를 자주 제공받을 수 있는 환경하에 있어야 한다. 이 목표에 부합하는 교수법은 많이 있겠지만, 트라우마 공감학교에서는 그중에서도 효율적인 개별화 수업differentiated instruction과 문답식 지도dialogic teaching를 가장 신뢰한다. 이 방식들이 트라우마를 겪은 아이들에게 가장 뚜렷한 도움을 줄 수 있기 때문이다. 효율적인 개별화 수업을 통해 아이들은 피드백을 주고받을 기회를 자주 얻을 수 있게 되고, 교사는 이를 끊임없이 응용하여 학생들의 변화되는 요구를 채워줄 수 있게 된다(Tomlinson, 2001). 문답식 지도는 아동 집단에서 흔히 일어나는 언어 장애 문제를 해결하는 기틀이 되어준다(Nystrand, 2006). 교사와 대화를 이어갈 수 있다는 것 자체가 언어와 행동을 연관짓고 인지의 왜곡을 바로잡으며 이야기를 통해 자신에 대해 설명하고자 하는 아이들의 노력에 대한 응원이 되어준다.

학급 운영: 트라우마 공감학교는 긍정적 행동 지원positive behavior support(PBS)과 사회정서적 학습social-emotional learning(SEL)을 통해 아동이 자기 자신을 제어하고 타인과 긍정적 관계를 맺으며 자존감을 발달시킬 수 있도록 돕는다. 긍정적 행동 지원, 즉 PBS모델은 수업일의 시작부터 종료시까지 언제 어디서 문제행동이 발생할지를 예측하는 발전된 형태의 응용 행동분석(Sugai, Horner, Dunlap Hieneman, Lewis, Nelson, Ruef, 2000)이며, 학교생활의 성공과 조화되지 않는 행동을 예방하는 데 초점을 맞추는 단계적 접근법이다. 학교를 중심으로 꾸려지는 팀들은 교사와 아이들이 수업 내내 함께 도모하는 발달상 적절한 행동의 범주를 파악해놓아야 한다. 더불어 기대치를 명확히 밝히고 자주 의견을 교환해야 하는데, 이때 기대치들은 문제를 예상하고 예방하는 데 도움이 되도록 일상적 언어로 표현되어야 한다. 아이들은 이러한 보편적 지원,

즉 합의된 목표를 이루는 데 필요한 모든 지원을 모든 학교 환경 속에서 필요에 따라 받을 수 있어야 한다. 트라우마 공감학교에서는 아이들이 스스로 스트레스를 조절하고 트라우마 유발 요인을 피하며, 교사 및 또래 친구들과 긍정적인 관계를 만들어내도록 지원할 수 있는 환경이 중요하다.

사회정서적 학습, 즉 SEL 모델은 아이들이 스스로의 감정을 인지하고, 행동을 검토하며, 공감 능력과 협조성을 발달시키는 사고 습관을 기르도록 교사가 도와줄 수 있는 도구를 제공해준다(Brackett & Rivers, 2014). 이 방식은 충동적이거나 자신의 행동이 타인에게 끼치는 영향에 대해 무지한 아이들에게 유용한데, 이는 SEL 모델이 아동이 자신의 자아에 눈을 뜨게 하는 것을 중요시하기 때문이다. SEL 전략은 어느 교과 분야에든 쉽게 적용하여 수업에 통합할 수 있다. 트라우마 공감학교에서는 이런 전략들에 기초하여 아이들의 트라우마 병력과 연관된 불안감이나 과흥분 상태와 같은 증상들을 조절할 수 있도록 노력한다.

방침과 절차: 트라우마 공감학교는 어릴 적 트라우마를 겪은 아이들의 성공과 안전을 보장하도록 방침과 절차를 정한다는 특징이 있다. 신체 안전의 중요성은 물론이거니와, 왕따를 비롯 정서적 행복을 위협하는 기타 문제들로부터 보호하고 비밀을 지키는 일에도 엄격하다. 친권이 없는 부모와 접촉할 때, 특히 판사의 접근 금지 명령이나 가정 폭력의 전과가 있는 부모들과 접할 때는 명확한 규칙을 세워두어야 한다.

규율과 안전 계획, 소통 방침, 지역 사회 보건기관과의 협력과 관련된 방침에서는 트라우마 병력이 이미 밝혀진 아이들뿐만 아니라 트라우마가 명확히 겉으로 드러나지 않은 아동, 나아가 트라우마를 겪은 주변 친구의 행동에 영향을 받을 수 있는 아이들에게도 도움을 줄 수 있어야 한다.

규율: 트라우마 공감학교의 훈육 방침은 솔선하여 변화를 만들어내고자 하는 것으로, 최대한 많은 문제를 예측하고 예방하는 것을 목표로 한다. 합의된 보편적인 지원들을 일관되고도 시기적절하게 실행할 수 있도록 스태프들을 훈련시켜야 한다. 교사는 아이들에게 기대하는 행동을 잘 설명하고 점검해야 한다. 학교는 규정 위반 행위를 다룰 때 아이들을 배제하지 말고 함께 논의해야 한다. 아이들이 자신의 행동을 인식하고 객관적으로 바라보는 능력을 향상할 수 있도록 하기 위함이다. 어떤 경우든 아이들이 입은 상처를 치유하다 보면 갈등은 저절로 해소되기 마련이다.

지역사회 기관들과의 협력: 과거에 트라우마를 겪었거나 현재 고난에 처해 있는 아이와 가족의 정신건강을 위한 요구에 응하기 위해 트라우마 공감학교는 지역 사회의 관련 기관들과 협력 관계를 형성할 수 있어야 한다. 이러한 파트너십은 사회정서적 개입의 기회를 늘려주고, 스태프들이 전문가에게 간편하게 의뢰할 수 있도록 해주며, 스태프들에게 훈련의 기회를 제공한다.

트라우마를 인지하고 이해하는 교육법의 장점은 트라우마를 겪은 아이들이 학업 및 사회관계를 능숙하게 해나갈 수 있도록 하는 것에 그치지 않는다. 학교의 안전을 위협하는 행동이나 수업 시간에 차질을 빚게 하는 일탈 행동을 감소시킴으로써 다른 아이들에게도 도움을 준다. 교사가 트라우마를 겪은 아이들과 마주하는 법을 새로이 습득하면 할수록 학생 전체의 정서적 요구를 더 잘 들어줄 수 있게 된다.

아이들 스스로가 서로에게 도움을 줄 수 있게 되고, 필요할 때 도와달라고 말하는 것을 두려워하지 않게 된다.

교육개혁에 미치는 영향

트라우마에 세심한 접근법을 학교에서 실행에 옮기기 위한 첫걸음은 문제의 범위를 인정하는 일이다. 학교들이 여러 종류의 학습 및 행동 문제들을 개선하기 위해 오랜 기간 노력해왔음에도 불구하고, 여전히 가족 기능과 관련된 문제에는 접근하기를 꺼리며, 실제로 접근이 이루어지는지조차 의문이다.

이는 부정적 아동기 경험 또는 어릴 적 트라우마의 경험을 의심케 하는 발달사를 찾아내기 위한 학교 측의 검사가 거의 이루어지지 못하는 이유를 설명해준다. 미국에서는 아동에 관한 정보들을 파악하지 못한 채 매년 백만 명 이상의 아동이 정신 질환 또는 장애 판정을 받는데, 이런 아이들은 트라우마를 통해 더 잘 설명될 수 있다(Leahy, 2015). 많은 아이가 특별 교육 또는 약물 처방을 받지만, 근본적인 원인인 트라우마를 다루지 않고서는 도움이 되지 않는다.

트라우마 공감학교의 교직원들은 아이들이 겪은 고난을 외면하지 않고 그 존재를 증언해줄 준비가 되어 있다. 낙인을 찍지 않는 환경 속에서 아이들은 소속감과 받아들여지는 기분을 경험할 수 있다. 이는 자신을 하찮게 여기고 고독감을 느끼게 했던 다른 곳에서는 겪지 못하던 것이다. 이제 더는 스트레스를 숨길 필요가 없어지면서 아이들은 트라우마를 뛰어넘어 앞으로 나아가는 데 필요한 기술을 갈고 닦으며 자신의 힘으로 미래를 창조해나갈 수 있다. 성급한 판단을 내리지 않고 아이들의 삶의 경험들을 인정하는 것이 트라우마에 세심한 접근법의 기본 토대이다.

트라우마 공감학교 환경 조성하기

아동기 트라우마를 둘러싼 '침묵의 음모conspiracy of silence'는 기존의 학교가 트라우마 희생자에게 반응하는 방식에서 분명하게 드러난다. 교사들은 학생의 학교 밖 삶을 자세히 조사하기를 주저하는데, 이는 부모의 보복을 두려워하거나, 그런 일이 자신의 직무 범위 밖이라고 생각하기 때문이다. 때로는 학교 내 상담사나 관리자가 아이들이 자신에게 일어나는 끔찍한 일들로 인해 보이는 반응을 나무라는데, 학교 일과를 방해하거나 수업에 차질을 빚는 행동들을 통해 트라우마를 표면적으로 드러낼 때는 특히 더 그렇다. 가령 타임아웃과 같이 감정의 분출을 억제하려고만 하는 시도들은 트라우마를 다시 입히는 결과를 낳기도 한다. 이로 인해 학생의 부정적 감정은 더 깊어진다(Perry, 2013). 때로는 대안학교나 청소년 사법 시설로 옮겨지기도 하며(Levine & Kline, 2006) 아이들 내면의 무력감과 절망감은 더욱 깊어지게 된다(Long, Fecser, & Brendtro, 1998).

　　트라우마 공감학교는 아동의 양육 및 발달에 적합한 환경, 아동의 필요에 바로 바로 응답해주는 풍부한 교육 환경을 제공한다(Garbarino, Dubrow, Kostelny, & Pardo, 1992). 아이들을 보호해줄 수 있는 환경 하에서 트라우마 피해 아동은 트라우마의 영향을 잘 관리하여 자신의 삶을 이끌어가는 법을 배운다. 트라우마 공감학교의 문화는 강인함을 바탕으로 한다. 교사와 관리자는 아동이 주도적으로 자기조절하고 학습하도록 돕는 것을 특히 중요하게 여긴다. 교직원들은 학생들이 학업적 기량을 성취하는 데 필요한 사회적, 규제적인 행동을 발달시키도록 돕는 동시에 언제나 학생을 정서적으로 지원해주는 자발적인 협력자가 되어준다.

교사와 관리자는 힘을 모아 수업이나 학급 운영, 정책과 절차, 규율, 외부 기관과의 협업 등을 포함한 학교 환경 조성의 모든 측면에 트라우마를 이해하고 공감하는 접근법을 도입할 수 있도록 헌신한다.

결론

취학 연령기의 아이들이 겪는 트라우마의 확산은 학업적, 사회적 성취에 있어 큰 걸림돌로 작용한다. 트라우마가 학습에 해로운 뇌 구조상의 변화를 불러온다는 것은 이미 밝혀진 사실이다. 트라우마 공감학교 운동이란 트라우마에 세심한 접근법들을 교육개혁과 연결시키기 위한 전국민적 노력을 의미하는데, 여기에는 신경 발달, 긍정적 행동지원, 공동체의 정신건강 전문가들과의 협력 그리고 모든 학생의 안전을 보장하는 학교 분위기의 조성 등을 장려하는 교육적 설계가 포함된다. 교직원들은 아이들이 자신을 스스로 조절하고 사회적 관계 및학습 능력을 회복할 수 있도록 하는 데에 뇌의 적응 능력, 즉 신경 가소성을 활용함으로써 아이들이 단순히 생존하는 것에 그치지 않고 성공을 위해 앞으로 나아가게 할 수 있다.

관리자가 할 수 있는 일

1. 교직원을 향한 적대적, 공격적인 행동을 줄일 수 있는 전문적인 발달학 연수를 제공한다.

2. 교직원들에게 효율적 개별화 수업과 문답식 지도에 대한 전문적인 연수를 제공한다.

3. 아이들이 자신에게 적절한 목표치를 알 수 있게 도울 수 있는 리더십을 교직원에게 제공한다.

4. 학교 방침이 트라우마에 민감한 규율과 안전을 실제로 보장하고 있는 지를 검토한다.

교사가 할 수 있는 일

1. 아이들과 협력하여 학업과 사회적 관계를 능숙하게 해내는 데 필요한 사회적, 규제적 행동을 발달시킬 수 있도록 한다.

2. 아이의 공격적인 행동을 줄이고자 할 때 항상 객관성을 유지한다.

3. 신경 발달과 고차원적 사고를 촉진하는 의미 있는 활동에 아이들을 참여시킬 수 있도록 개별화 수업과 문답식 지도를 활용한다.

4. 어떻게 문제를 예측, 예방할 수 있는지를 명확하고 정확한 용어를 사용해서 알려준다.

2장
학생들의 트라우마 다루기
교육개혁이 놓치고 있는 요소

새로운 것을 시작하는 일보다 더 어려운 유일한 일은
오래된 것을 바꾸는 일이다.

– 러셀 애커프Russel Ackoff

'트라우마'라는 단어는 종종 2001년 9·11 테러나 2013년 보스턴 마라톤 폭파 사건과 같은 끔찍한 사건들을 지칭할 때 쓰이곤 하는데, 이는 정확한 쓰임은 아니다. 사건 그 자체가 트라우마가 되는 것이 아니다. 어떤 사건이 사람들에게 트라우마가 되는 것은 그 사건이 개개인이 감당할 수 있는 능력을 넘어섰을 때이다. 다시 말해 트라우마는 사건 자체뿐 아니라 상황에 대처하고 관리하며 침착함과 통제력을 되찾게끔 도와줄 수단의 부재 또는 제한에도 영향을 받는다.

이 장에서는 어릴 적 트라우마가 아동의 발달에 미치는 영향에 대해 다룬다. 아동기 역경을 지배하는 트라우마의 면면을 자세히 다루는 연구와 이에 더하여 복합적인 발달 트라우마(complex developmental trauma)에 대한 개요가 제시된다. 또한 뇌 구조의 형성과 주위 환경이 끼치는 영향, 신경 가소성의 회복 효과를 중점적으로 다룬다.

트라우마로 인해 아동이 치르는 큰 대가

아이들은 양육자에게 전적으로 의존하기 때문에, 양육자와의 초기 관계가 방치 또는 학대로 인하여 손상되면 복합적 트라우마에 특히 더 취약해진다. 발달하는 과정에서 겪는 부정적인 경험들은 성인이 목숨을 위협받는 일촉즉발의 상황에서 경험하는 것과 비슷한 정도의 불안감을 아동에게 불러일으킨다. 어릴 적 트라우마 가운데는 사고, 치료 과정 중의 실수 또는 지역사회 폭력 등에 의해 발생하는 것도 있지만, 대다수 아동기 트라우마는 가정에서 일어난다. 거의 모든 경우 아이의 학대에 책임이 있는 사람들은 부모를 포함한 주요 양육자들이다 (van der Kolk, 2005). 이로 인해 외부 사람들은 가정 내 트라우마를 제대로 인식하지 못한다.

트라우마가 일으키는 쇠약화 효과에 대한 여러 증거

서로 다른 세 가지 연구이지만, 아주 긴밀하게 연결된 연구들이 있다. 부정적 아동기 경험에 관한 연구(Felitti 외, 1998), 다중 피해자화poly-victimization에 관한 연구(Finkelhor, Ormod & Turner, 2007), 그리고 트라우마의 누적 효과에 관한 연구들이다(Briere & Spinazzola, 2005. Cloitre, Stolbach, Herman, van der Kolk, Pynoos Wang & Petkova, 2009). 이 연구들은 아동기 트라우마와 이후 학습 문제 사이의 상관관계와 더불어 신체적, 정신적 질병과의 상관관계도 강력하게 뒷받침한다.

트라우마로 인해 일어나는 신경학상의 변화를 신경과학은 지도처럼 보여줄 수 있으므로, 이 연구들은 관련이 있다는 정도에서 그치지 않고 장애의 인과 관계 그 자체를 살피는 자료가 되고 있다(Perry, 2002). 즉, 트라우마와 질병 사이의 연관성을 주장한 이전의 가설들을 뒷받침할 확고한 데이터가 생겼다고 할 수 있다. 이 인과의 고리를 이해할 때 교육자들은 더 수월하게 학교 환경, 수업 설계, 행동 관리법을 변화시키고, 그럼으로써 잠재력을 최대한 발휘하는 능력을 모든 아동에게 형성해줄 수 있다.

17,000명 이상의 고등교육을 이수한 중산층 성인들을 표본으로 하여 실시한 부정적 아동기 경험Adverse Childhood Experiences(ACE) 연구 결과, 트라우마와 누적되는 스트레스가 질병, 장애, 조기 사망의 위험을 증대시키는 데 영향을 미친다는 상당한 증거가 도출되었다(Felitti 외, 1998). 카이저 퍼머넌트Kaiser Permanente, 미국 의료보험업체와 미국질병통제센터 the Centers for Disease Control and Prevention(CDC)가 수행한 ACE 연구는 트라우마와 질병 또는 기능 장애의 관계를 다룬 이전의 조사들과는 세 가지 중요한 점에서 구별된다. 첫째로 이 연구는 오직 대인관계의 역경만을

살필 뿐 사고, 자연재해, 질병과 같은 여타의 트라우마는 제외한다. 둘째, 이 연구는 트라우마가 될 수도 있는 경험의 범위를 확장하여 가정의 기능 장애와 가족 정신건강 그리고 여기에 더하여 학대와 방치의 사례들까지 포함시키도록 하고 있다. 셋째, 이 연구는 단일한 트라우마적 사건보다는 반복적인 '숨은 스트레스 요인들'이 누적되어 나타나는 영향을 살핀다.

ACE 연구는 부정적 아동기 경험이 알려진 것보다, 또는 이전에 인정되던 수준보다 훨씬 더 흔하다는 것을 분명히 보여준다. 또 어린 나이에 겪는 만성적 스트레스가 몸을 혹사하고 다수의 스트레스 관련 반응들을 일으켜서, 아동의 발달을 저해하는 방향으로 변화시킨다는 충분한 증거를 제시한다. 그러나 최초의 ACE 연구에서 제시된 피라미드 모델에는 다소 과학적 비약이 있었고, 과학자들은 이대로는 인과 관계를 명확히 설명하는 것이 불가능하다는 점에 주목했다(그림 2.1 참조).

최근 수정된 피라미드(그림 2.2 참조)는 만성적인 부정적 아동기 경험이 어떻게 아동기 초기 뇌 발달에 영향을 미치는가를 이해하는 데 있어 과학에서 이루어진 획기적 성과를 반영하고 있다(Center for Youth Wellness, 2014). 아동의 뇌는 생존 및 스트레스적인 상황에 적응하기 위해 더 힘들게 순응할 수밖에 없게 되고, 이 순응의 과정은 기억, 학습, 동기부여, 정보 처리, 문제해결, 마음의 고통을 견디는 일 등을 담당하는 뇌가 복잡한 신경망을 꾸준히 구축해나가는 것을 방해한다(Belsky & Haan, 2011). 이런 효과는 감정적, 심리적일 뿐만 아니라 생물학적이기도 해서, 트라우마를 겪은 아동은 성공적인 학교생활을 수행함에 있어 상당히 불리한 위치에 놓이게 된다.

ACE 연구는 열 가지 아동기 상황을 학대, 방치, 가정 기능 장애라는 세 범주로 나누어 살핀다(그림 2.3 참조).

그림 2.1 최초의 ACE 피라미드

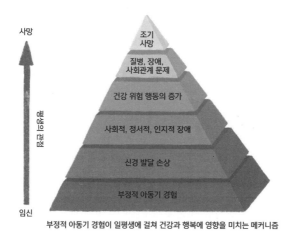

부정적 아동기 경험이 일평생에 걸쳐 건강과 행복에 영향을 미치는 메커니즘

그림 2.2 ACE 피라미드 수정안

트라우마 공감학교

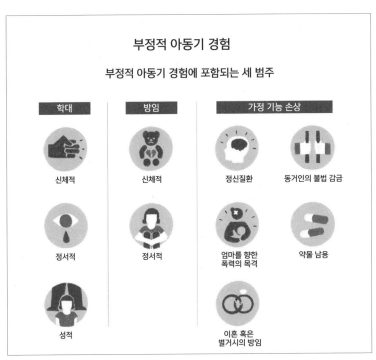

부정적 아동기 경험

부정적 아동기 경험에 포함되는 세 범주

학대	방임	가정 기능 손상
신체적	신체적	정신질환 · 동거인의 불법 감금
정서적	정서적	엄마를 향한 폭력의 목격 · 약물 남용
성적		이혼 혹은 별거시의 방임

그림 2.3 부정적 아동기 경험의 종류

다중 피해자화가 끼치는 복합적 효과

'다중 피해자화$^{pdy-victimization}$'라는 용어는 2~9세의 아동과 10~17세의 청소년을 돌보는 사람들을 대상으로 한 대규모의 전국 단위 무작위 전화 조사에서 생겨났다(Finkelhor, Turner, Ormod, & Hamby, 2010). 피해자화의 정도는 청소년 피해자화 설문조사$^{Juvenile\ Victimization}$ $^{Questionnaire(JVQ)}$를 사용하여 평가되었다(Hamby, Finkelhor, Turner, & Kracke, 2011). ACE 연구와 마찬가지로, 집필자들은 대인 관계적 사건,

그중에서도 다방면에 걸쳐 있거나 누적되어 발생한 피해자화의 사례에 초점을 맞추었다. 결과는 비슷했다. 연구자들은 JVQ 연구를 통해 아동이 외상 후 스트레스 장애Post-Traumatic Stress Disorder(PTSD) 증상을 보일 위험성을 추정할 때 어떤 한 가지 유형에만 집중할 것이 아니라 아동이 일정 기간에 피해자화하는 양상의 수를 세심히 살펴야 한다는 것을 증명했다(Finkelhor 외, 2010).

반복되는 트라우마의 누적 효과

트라우마가 아이들의 학습 또는 행동에 끼치는 영향은 누적적으로 나타난다. 유기, 배신, 신체적 또는 성적 폭력과 같은 대인 관계적 트라우마에 다방면으로 노출되거나 가정 폭력에 노출되는 일은 일관되고 예측 가능한 결과를 낳는다. 이러한 노출은 많은 기능에 직접적인 영향을 끼쳐 미래의 학업 및 사회관계의 성공에 심각한 악영향을 초래한다. 어른에 대한 뿌리 깊은 불신은 위험이나 위협을 과민하게 지각하는 성향과 맞물려 아동의 학습 능력을 심각하게 손상한다. 새로운 정보나 경험을 통합하는 대신 그들의 주의력은 생존에, 또는 과흥분이나 해리 등 재발성 트라우마 증상들에 맞서 스스로를 방어하는 데 집중된다. 어떤 아동들은 트라우마 관련 증상들을 촉발하는 상황 자체를 피하려 든다. 잠재적 위험 또는 위협에 대해 나름대로의 통제를 가하고 있는 듯한 기분을 느껴보려 애를 쓰는 아동들도 있다. 이 아동들은 억압된 감정을 무의식적으로 표출하는 공격적 또는 성적 행동을 통해 자신의 트라우마를 재연한다reenact. 두렵고 무력한 감정에 대한 반응으로 두통이나 치통과 같은 신체의 문제들somatic problems이 생기는 아동들도 있다.

노출되었던 트라우마의 유형이 다양할수록 영향을 받는 발달 영역은 더 많아지고, 이로 인하여 아이들은 다방면에 걸친 증상을 드러낸다. 트라우마의 영향은 10세 때까지가 가장 두드러지기는 하지만, 이 경험들은 평생 동안 스트레스에 대한 대처 반응을 둔감하게 만든다. 이는 만성적인 트라우마가 신경생리학적 발달(van der Kolk, 2005)과 주요 자기조절 능력의 발달(Ford & Russo, 2006)을 저해하기 때문이다. 감각적, 정서적, 인지적 정보들을 새로운 상황에 적용하는 아동의 능력은 아동의 뇌가 과거의 트라우마에 대응하는 과정을 통해 지속적인 손상을 받는다.

아동에게 누적된 트라우마 대한 정확한 진단을 내리려는 초기 노력들은 무수히 많은 발달적 결과들에 의해 혼선을 겪고 있다. 주의력 결핍 장애, 언어 지체, 적대적 반항 장애와 같이 개별적으로 내려지는 다양한 진단들로 인하여 트라우마와 관련된 기능 부전들의 패턴이 모호해진다. 트라우마 관련 기능 장애는 통합된 방식으로 다뤄져야 하는 전반적 장애의 일부분이다(van der Kolk, 2005).

2005년, 미국 어린이 트라우마 스트레스 네트워크(NCTSN, 2005)의 구성원들은 어릴 적 트라우마 병력이 있는 아이들에게 보다 더 정확한 진단을 내기 위해 함께 모였다. 발달 트라우마 장애developmental trauma disorder(DTD)로 불린 이 잠정적 진단은 "트라우마 회상에 의해 촉발되는 조절장애, 자극의 일반화 그리고 트라우마적 상황의 재발을 회피하려고 하는 모든 행동"으로 정의되었다(van der Kolk, 2005, p. 582). 이러한 증상들은 주로 학교에서 겪는 자기 통제의 어려움, 또는 누군가가 유도한 것이 아님에도 나타나는 공격적인 행동 그리고 위험이나 위협에 대한 과민성 등으로 나타난다.

뇌 구조 형성

ACE와 JVQ 연구가 보여주는 일관된 증거들은 누적되는 트라우마에 대한 연구와 결합되어 어린 시절의 고난이 아이들의 삶에 끼치는 부정적인 영향을 무시할 수 없게 만들었다. 취학 연령기 아이들 사이에 유년기 트라우마의 확산 현상이 이루어지고 있다는 것을 고려할 때, 교육자들이 아동의 어릴 적 경험들로 인한 부정적인 영향을 극복하는 것을 도울 수 있는 전략이 필요하다. 이는 교사들로 하여금 끝없이 지속되는 뇌의 가소성(뇌가 변화할 수 있는 능력)을 양육과 사회적 관계라는 관점에서 바르게 인식할 수 있도록 돕는 것을 의미한다.

양육 환경이 신경 발달에 미치는 영향

양육 환경은 뇌의 구조와 화학작용에 가공할 만한 영향력을 행사하며, 각종 유전자의 발현 여부에까지 영향을 준다(Peckham, 2013). 따라서 지속적인 역경이 뇌의 운영체계를 어떻게 약화시키는지, 또 건전한 학교 경험의 자극이 어떻게 아이들 스스로 잠재력을 극대화하는 보상 전략을 구축하게 하는지에 대해 교사들이 이해하는 것이 매우 중요하다. 아이들의 학업적, 사회적 숙달의 측면에서 트라우마가 뇌의 수평적·수직적 구성에 미치는 영향이 무엇인지, 아울러 활동 참여와 신경 가소성이 가지는 회복 효과가 어떠한지를 살피는 것도 흥미롭다.

수평적 구성: 뇌의 수평적 구성은 좌우의 반구로 이루어진다. 뇌들보Corpus Callosum라고 불리는 두꺼운 신경 섬유 다발을 통해 양쪽 반구 사이에서 정보가 교환되는데, 초기 아동기 때 겪는 학대는 좌뇌의 용

량 축소에 더해 뇌들보 중간 부분의 변성을 일으킨다. 이는 우뇌와 좌뇌의 부적절한 통합을 야기하여, 결과적으로 아동의 감정이 분리되고 구획화된다. 좌뇌에서 긍정적인 감정을 처리하는 동안 우뇌에서는 부정적, 적대적인 감정이 처리되지 못하고 계속 머물러 있다(Teicher, 2000). 즉, 트라우마를 겪은 아이들은 우뇌의 과도한 반응성을 조절하느라 언어와 추론 능력을 사용할 수 없게 된다(Cook, Blaustein, Spinazzola, & van der Kolk, 2003). 결과적으로 아동의 걷잡을 수 없는 무력감과 분노의 감정은 계속 되풀이될 수밖에 없다.

수직적 구성: 뇌의 수직적 구성은 밑바닥에서 꼭대기로, 내측 하부의 뇌간Brain Stem에서 시작하여 대뇌 변연계, 즉 중뇌를 지나 외측 상부에 위치한 대뇌 피질 및 전전두엽 피질에 이른다. 종종 파충류의 뇌라고도 불리는 뇌간은 신체 기능 및 에너지의 흐름을 조절하는 역할을 한다. 또한 이 뇌간은 흥분도에 직접적인 영향을 끼쳐 스트레스에 대한 신체의 반응을 중재한다. 편도체Amygdala와 해마Hippocampus는 뇌간 바로 위에 자리한 대뇌 변연계Limbic Area에 위치한다. 편도체는 위험에 대해 처음으로 반응하는 곳으로 두려움의 감각을 촉발하여 더욱 고조된 수준의 흥분을 불러일으킨다. 해마에도 감지된 위험을 평가하고 다른 비슷한 경험과 비교하여 공포를 완화하는 능력이 있기는 하지만, 이 부위는 생의 초기에 발달 속도가 더디어 아동을 장기간의 경보 반응으로부터 보호해주지는 못한다.

아동과 양육자 사이의 친밀한 관계로 인해 충분히 보호받는 좋은 환경이 조성되면 스트레스 반응은 억제된다. 아동의 요구를 잘 예측하여 신속하게 반응해주는 환경에서는 뇌간과 대뇌 변연계의 협력이 잘 일어나, 높은 수준의 스트레스도 잘 견디게 하는 내성을 형성한다. 협력이 이루어지면서 아동과 양육자는 편안한 수준에서 이루어지는 통제 패턴을 세울 수 있으며, 충동적 행위나 거부 반응의 발생 빈도를 감소시킬 수 있다.

어릴 때 양육자와의 관계에서 큰 고난이나 트라우마를 겪은 아이들은 트라우마 상황들에 적응하는 과정에서 과도한 흥분 상태, 낮은 스트레스 내성, 뇌간 및 대뇌 변연계의 반응도 상승 등의 변화를 겪는다. 적응하는 과정에서 생겨나는 이 변화들은 위협 또는 위험에 대한 주의 편향을 야기하며, 시간이 지나면 영구적인 과흥분, 조절장애 상태를 불러온다. 과도한 흥분 상태가 오래가지 않고 위험이 사라지면 다시 정상 상태로 돌아오는 또래 아이들과 달리, 트라우마를 겪은 아동은 초기 경험으로 인해 뇌 하부의 반응도가 영구적으로 달라진다. 생존을 위한 적응의 결과로 만들어진 변화가 자기조절이나 학습의 장애물이 되는 것이다. 결과적으로, 대뇌피질이나 뇌 상부가 뇌간의 활동을 감독하고 조절하는 일이 더욱 어려워진다. 뇌 구성에 있어 이러한 초기 변화가 일어나면 아이들은 행동하기 전에 잠시 멈추고, 통찰하고 공감하며 도덕적인 판단을 강구하는 일에 어려움을 겪게 된다(Siegel, 2010). 더불어 사고력이나 감정 조절, 행동 조정 능력이 현저히 감소한다.

빈곤이라는 환경적 트라우마

효과적인 교육개혁을 위해서는 빈곤과 트라우마 그리고 신경생물학적 발달에서 빚어지는 혼란 사이의 관계를 더 잘 이해할 필요가 있다.

만성적인 빈곤이 초래하는 참혹한 결과는 경제적 격차에 그치지 않는다. 빈곤으로 인한 아동의 가정 내 트라우마와 질서 해체는 끔찍한 효과를 가중시킨다.

오랜 기간 지속되는 재정적 곤란은 삶을 위태롭게 하는데, 이 빈곤의 경험은 부모뿐 아니라 그들의 자녀까지 트라우마에 시달리게 함으로써 가족의 보호 능력을 서서히 무너뜨린다. 경제적으로 빈곤한 사람들은 과도하게 스트레스를 받으며, 때로는 일상에 필요한 기본 물품조차 부족한 상황에 빠질 수도 있다(Babcock, 2014). 불편한 주거 환경, 불규칙적인 식량 공급, 교통 문제, 범죄, 신체적 안전의 결핍은 보호자 지위의 유효성을 서서히 무너뜨리고, 형제 자매들이 서로를 돌볼 여력을 없앤다. 그 결과 트라우마에 기반한 행동 패턴이 생겨나 정상적인 가족 기능을 손상시키고, 아동의 신경학적 발달에 변화를 초래하게 된다.

아이들은 불안이나 위협과 같은 상황에 마주쳤을 때 빠르게 안전한 상태를 복구하기 위하여 위험을 해석하려 하는 경향이 있는데, 이때 주변 어른들에게 의지하는 것을 통해 위험에서 벗어나게 된다. 빈곤층의 적지 않은 부모들은 만성적인 빈곤의 영향으로 스트레스가 발생하면 의사결정에 어려움이 생기고, 문제해결 능력도 감소하게 된다(Babcock, 2014). 고차원적 사고나 의사결정 및 실행 기능은 생존을 위한 몸부림에 의해 밀려나는 것이다. 그들은 자신의 행동을 적절히 조절하거나 목표를 설정하는 일에 어려움을 겪는다(Casey, Jones, & Somerville, 2011). 빈곤으로 인한 거대한 인지적 부담으로 인해, 상황을 개선하기 위해 필요한 행동을 해낼 만한 '대역폭band-width'이 거의 남아 있지 않은 것이다(Badger, 2013). 빈곤층 사람들은 자신의 상태로부터 빠져나올 방법을 상상하지 못한다. 무가치함이 일상생활의 징표가 된다.

아이들에게 있어 가장 치명적인 것은 빈곤과 트라우마가 동시에 닥쳐오는 상황이다. 아동이 누군가에 의지할 수밖에 없는 상황에 처해 있다는 것은 아이들이 부모들 삶의 상황에 지배를 받는다는 뜻이다(van der Kolk, 2005). 『미국 의학협회 저널 소아과학*JAMA Pediatrics*』에 실린 최근 기사는 만성적인 빈곤 속에 사는 아이들과 학대나 지역사회 폭력과 같은 악성 스트레스에 노출된 아이들에게서 동일하게 관찰되는 신경 발달상의 이상에 대해 상세히 적고 있다(Luby, Beldon, Botteron, Marrus, Harms, Babb, Barch, 2013). 이와 비슷하게, 필라델피아에서 행한 2012년 Urban ACE Study 조사 결과 도출된 빈곤층 성인의 ACE 점수는 1988년 최초의 카이저 퍼머넌트 조사에 참여한 중산층의 점수보다 확연히 높았다(Taylor, 2013).

양육자가 힘겹고 고단한 하루하루를 보내느라 아동이 겪는 고난과 스트레스를 막아주는 능력이 제한될 때, 아동의 발달을 보호해줄 '완충 지대'는 거의 또는 완전히 사라진다. 아이들은 생존에 유리하게끔 적응을 하지만, 이는 동시에 학교에서 성공할 수 있는 능력을 위협하는 결과를 초래한다.

활동 참여와 신경 가소성의 회복 효과

최적의 뇌 발달은 돌봄이나 규칙적이고 안정적인 관계들 속에서 일어나지만, 뇌의 신경 가소성을 이용한 개입을 통해 유년기 트라우마의 영향을 극적으로 줄이는 일은 가능하다. 풍부한 주변 환경으로부터 얻는 경험을 자산으로 삼는 뇌의 기능은 유년기의 경험 대부분이 고난과 트라우마로 얼룩져버린 아이들에게도 새로운 희망을 줄 수 있다. 신경 발달 과정에서 환경이 하는 역할과 유년기 트라우마 병력에 의해 야기되는 이상 현상을 교사가 이해하면, 학교는 어려움을 겪는 아이들을 위한 치유 환경이 되어줄 수 있다. 또 교사가 신경 발달적 이해를 통해 학업 및 사회관계의 강화를 제공하는, 즉 뇌의 가소성을 활용한 교수법을 설계하면 아이들에게 도움을 줄 수 있다.

뇌에 관한 신경생물학은 성공적인 교육개혁을 위한 열쇠를 쥐고 있다. 그러나 우선은 먼저 교사들을 비롯해 변화를 일구어낼 권한을 가진 사람들이 이를 흔쾌히 받아들일 준비가 되어 있어야만 한다. "유년기 경험들은 뇌의 발달 과정에서 일어나기 때문에, 신경 발달과 사회적 상호작용은 불가분의 관계에 있다(Tucker, 1992, p.576)." 아이들 뇌의 사회적 본능과 뇌를 성장하게 하는 관계들의 궤적이야말로 아동의 학업 및 사회관계의 숙련도를 결정하는 것이다.

뇌 과학이 가져다주는 새로운 발전에 적절히 대응하는 학교들은 계속해서 교육을 힘들게 하는 문제들을 해결하는 일에 장족의 발전을 보이고 있다. 이런 학교들은 빈부 간 성취도의 격차를 좁히고, 지시에 불응하며 반항하는 것처럼 보이는 아이들의 품행과 사회성을 향상시키며, 중퇴율을 감소시키고, 아동의 전반적인 삶의 질을 높이고 있다.

교육개혁에 미치는 영향

트라우마에 민감한 개입을 위해서는 먼저 트라우마를 겪은 아동과 그 아동을 도와줄 성인 사이의 협력적 관계가 필수적이다. 그래야 아이들이 환경에 의한 급격한 행동 변화를 통제하기 위한 감정 조절을 발달시킬 수 있다. 올바른 지원을 받으면 아이들은 자기관찰과 인지 조절을 통해 자기 행동을 선택하는 방법들을 배울 수 있고, 스트레스 관리와 자기위로 활동은 불편함을 견뎌낼 수 있는 내성을 만들어주며, 보다 안정적인 각성 상태를 유지하도록 도와준다.

결론

취학 연령기 아동 사이에서 트라우마가 크게 확산되고 있다는 것과 그것이 발달에 끼치는 영향에 대해서는 충분히 서술했다고 볼 수 있다. 어린 나이에 겪는 고난은 아이들에게 높은 수준의 불안감을 일으키며, 이는 아동의 스트레스 반응에 신경학적 변화를 불러온다. 이런 변화는 학업 및 사회관계의 숙달에 필요한 신경 네트워크의 성장을 저해한다. 새로운 지식과 경험을 통합하는 아동의 능력이 과거 트라우마에 대한 뇌 반응에 의해 손상되는 것이다. 교육개혁을 위한 노력이 효과를 거두기 위해서는 만연한 트라우마 관련 장애를 이해하고 다루려는 노력을 기울일 필요가 있다. 트라우마 공감적 접근의 실행은 스스로의 감정을 조절하고 학교생활에 성공적으로 참여하는 아동의 능력을 회복시킬 것이다.

관리자가 할 수 있는 일

1. 아이들의 행동이 어릴 적 역경과 유년기 트라우마로 인해 형성된 생존 전략임을 교직원이 이해할 수 있도록 돕는 리더십을 제공한다.

2. 교사들에게 아동기 트라우마의 증상을 알아보고 대처하는 데 초점을 맞춘 전문적인 연수를 제공한다.

3. 공공연한 질책, 타임아웃 훈육, 불관용 방침과 같이 유년기 트라우마 병력이 있는 아이들에게서 증상을 촉발할 가능성이 있는 훈육 관행들을 없앤다.

4. 학교의 아이들을 이해하려고 노력한다. 하루의 시작과 끝에 아이들과 인사하고, 복도에서 마주칠 때 이름을 불러준다. 긍정적 인정이 반복되면 권위 있는 인물들을 향한 그들의 불신과 두려움이 줄어드는 데 도움이 된다.

5. 지역사회 기관들과 협력하여 지역사회의 다학제적 협력적 돌봄이(랩어라운드, wraparound)가 필요한 아동과 가족들을 위한 밀착 돌봄 서비스를 만든다.

6. 교사들에게 트라우마가 아동 뇌의 수평적, 수직적 구성에 어떻게 영향을 미치는지에 대한 전문적 연수를 제공한다.

7. 학교 구성원 전체가 참여하는 변화 모색 대회를 장려한다. 학급끼리 협력하여 환경에서 변화시키고 싶은 것을 찾고, 실행할 계획을 설계하도록 한다.

8. 교사들이 트라우마에 세심한 접근법을 실제로 학급에서 활용할 수 있게 자신감을 줄 수 있는 전문적 학습공동체나 대화형 포럼에 참석할 수 있는 시간을 마련해준다.

교사가 할 수 있는 일

1. 아동기 트라우마가 학업 및 사회관계의 숙달을 이루어내는 능력에 영향을 미치는 여러 방식에 대해 충분히 파악한다.

2. 자기조절에 필요한 자기인식과 자기관찰 기술을 습득하기 위한 아이들의 노력을 지원한다.

3. 일상과 교실에서 신체 활동, 음악, 심호흡처럼 자기 자신을 진정시킬 수 있는 활동을 활용한다.

4. 아이들이 자신의 정서적 반응을 관리하고 최적의 각성 정도를 유지할 수 있도록 아이들과 협력한다.

5. 양육자가 숙제를 도와줄 여유가 없는 아이들이 불필요한 스트레스를 받지 않도록 숙제의 양과 난이도를 조절한다.

6. 아이들에게 자신의 잘못을 설명하도록 하기 전에 아이가 평정심을 되찾을 수 있는 충분한 시간을 준다.

7. 고차원적 사고와 결부된 신경 경로를 강화할 수 있도록 뇌의 가소성을 활용하는 교수법을 설계한다.

8. 교실 활동을 활용하여 또래들 사이의 긍정적인 관계와 사회적 지지를 조성한다.

3장
애착의 신경학
돌봄의 중요성

한 사회의 도덕성을 알려면 그 사회가 아이들을 위해
무엇을 하고 있는가를 보면 된다.
―디트리히 본회퍼Dietrich Bonhoeffer

유아의 뇌는 일반적으로 어른 뇌 크기의 4분의 1에 불과하고, 유아기 뇌 성장의 대부분은 아동 초기의 관계 맺기와 연관하여 일어난다(Lieberman & Van Horn, 2013). 초기 관계 맺기 중에서도 양육자가 유아의 필요와 욕구에 대해 적절하게 조응해주는 것은 중추신경계와 자율신경계 발달의 기초가 된다.

뇌 구조는 아동이 처음 맺는 애착 관계에 의해 사회적 영향을 받아 형성되는데, 이때 유아 뇌의 건강한 발달을 위해서는 어른의 애정 어린 눈길과 표정과 같은 일종의 프로그래밍 과정을 필요로 한다. 만약 아동이 민감한 반응을 해주는 양육자와 쉽게 접촉할 수 없는 환경이라면 신체와 정신의 건강을 이루어내는 데 필요한 신경 회로 및 처리 능력이 충분히 성숙할 수 없을 것이다. 이처럼 유아기의 양육 경험은 아동 발달의 모든 측면에 영향을 미치는데, 여기에는 특정 유전자의 발현 여부(Crespi, 2011)나 환경이나 행동이 바뀔 때 스스로 변화하여 적응하는 뇌의 능력을 일컫는 신경 가소성 같은 것들이 포함된다(Rapoport & Gogtay, 2008).

이 장에서는 양육 환경이 유대감의 형성을 지지하고 보호해줄 때, 유아와 양육자 양쪽의 뇌와 몸과 마음 사이에서 일어나는 동적인 상호작용이 아이의 발달에 어떻게 영향을 미치는지에 대해 개괄적으로 살펴볼 것이다. 교사가 학생과 안정적인 관계를 맺기 위해 사용할 수 있는 전략뿐 아니라 자기조절, 실용적 언어의 사용에 필요한 신경 회로의 발달에 초기 관계가 미치는 영향에 대한 설명 또한 제공될 것이다.

트라우마가 아동의 애착 관계에 미치는 영향

아이의 출생 첫해에 가장 중요한 일은 유아와 주 양육자 사이에 안정적인 애착 관계를 형성하는 것이다. 이 과정에서는 필수적으로 양육자와 유아 사이의 빈번한 신체 접촉 및 애정 어린 의사소통이 일어나야 하는데, 이를 통해 아이와 양육자는 상대방의 습관이나 버릇을 학습하고 이에 맞추어 자신의 행동을 수정해나간다. 이러한 과정의 결과로, 아동과 양육자 사이에 특별한 애착 관계가 발생한다.

애착 학습하기

브루스 페리Bruce Perry는 애착 과정을 미래의 관계 형성을 위해 필요한

'정서적 접착제'로 정의한다(Perry, 2013, p. 2). 타인과 관계 맺기를 욕망하고, 이를 달성할 수 있을 만한 역량을 갖추는가의 여부는 애착 과정을 통해 뇌의 특정 부위를 형성할 수 있는지에 달려 있다. 이를 위해서는 양육자가 유아의 변화무쌍한 욕구에 부응해주어야 하고, 아동의 정서, 관심, 몸짓에 맞추어줄 수 있는 능력이 있어야 한다. 유아의 발성과 동작을 거울처럼 따라 하는 것은 양육자와 아동 간의 유대감을 강화하고, 유아와 양육자가 같은 물건이나 사건에 집중할 때는 그들 사이에 호혜와 공유 의식의 감각이 강화된다. 공동 주시의 흥미로운 효과는 양육자가 유아의 시선을 좇는 것으로 시작된다. 그런 뒤 아기가 바라보는 것에 관해 열심히 대화를 나누고, 아이가 보이는 흥미의 대상에 이름을 붙여주며 묘사하는 양육자의 넘치는 의욕이 아동의 언어 능력과 행위주체 의식의 발달에 기여한다.

애착 패턴의 발달은 양육자가 아동으로 하여금 자신의 경험의 의미를 분명히 하고, 자신의 정체성을 형성시켜줄 자아상을 만들어내도록 돕는 과정에서 일어난다. 아동이 삶의 중요 사건들을 기억하는 방식은 현재 및 미래의 스트레스 요인들에 대처하는 능력에 영향을 미치며, 아이들이 부모와의 추억을 회상하는 구조와 그 내용은 양육자의 대처 기술과 애착의 정도를 그대로 반영할 수밖에 없다. 안정적인 애착 관계는 아동이 양육자를 당장 달려가 대화를 나눌 수 있는 유능한 존재로 느낄 때, 자신을 보호받을 가치가 있는 존재로 인식하고 세계를 안전하고 안심할 수 있는 곳이라고 느낄 때 생겨난다. 이를 위해서는 양육자가 유아의 각성 정도와 감정 상태의 비언어적 표현들에 매우 민감하게 반응해주어야 한다. 양육자는 유아의 요구를 찬찬히 살피어 반응하고 조절하며 의사소통을 하여 아이를 자기 관리 및 제어가 가능한 아동으로 만들어갈 수 있다.

안정적인 애착 관계의 특징은 동시에 발생하는 상호작용이다. 이를 통해 부모와 아동은 호기심과 학습을 고무해주는 일정 수준의 긍정적인 각성 상태를 유지할 수 있게 된다. 안전에 관해 양육자를 의지할 수 있게 되면, 아동은 신체를 사용하여 주변 환경을 탐색할 수 있게 되는데, 이는 양육자가 곁에 있는 한 자신이 안전하다는 것을 알고 있기 때문이다. 이 과정이 충분히 반복되면 안정감은 확고하게 정착되며, 잘못된 신호나 오해가 발생할 때에도 양육자가 시기적절하게 오해를 바로잡아줌으로써 유아의 부정적 상태를 바로잡을 수 있다.

반면 트라우마와 방임은 양육자가 아동에게 안정된 종류의 상호작용을 제공하는 것을 어렵게 만들어 애착 관계를 훼손한다. 양육자가 아동에게 시기적절하고 일관된 피드백을 제공할 수 없기 때문에 불안정한 애착 패턴이 생겨나게 되고, 결과적으로 아동은 개인적 실행 주체로서의 내적 자기 통제감을 잃게 된다. 양육자의 불규칙한 행동에 직면할 때 아이들은 할 수 있는 것이 없기 때문에 무력감, 절망감 등을 특징으로 하는 자아상을 구축하게 된다. 이런 아이들은 미래의 목표를 정하는 것도, 새로운 역할에 도전하는 일도 할 수 없게 되어 새로운 것을 배우는 데 거의 관심을 보이지 않게 된다.

애착 패턴과 신경 가소성

뇌 가소성이란 주변 환경의 자극에 반응해 변화하는 뇌의 필수적인 능력을 가리킨다. 뇌의 신경 회로는 유아기에서 5세까지의 발달기에 상향식으로 만들어지며, 발달 초기에 가소성이 가장 크다. 이 시기의 뇌가 신경 발달을 위협하는 애착 실패의 영향에 가장 취약하다는 의

미이기도 하다. 뇌의 신경 회로는 시간이 지나면서 안정화가 진행될수록 점점 더 바뀌기가 어려워지므로, 신경 가소성을 활용한 회복 효과를 볼 수 있는 절호의 기회는 태어나서 5세까지이다. 시냅스의 변화(뇌세포들 간 연결 강도의 변화)와 세포상의 변화(뇌세포의 연결, 즉 시냅스의 숫자상 변화)가 그 시기에 일어나기 때문이다. 신경세포 간의 연결(그림 3.1 참조)은 사용 횟수에 비례해서 발달한다. 즉, 사용되는 횟수가 많을수록 그만큼 강한 연결을 형성하는 것이다. 유아기 뇌는 초당 1천개의 시냅스를 형성하는데, 이는 다른 어떤 시기보다 많은 숫자이다.

아동기 초기에 일어나는 빠른 성장은 긍정적인 면과 부정적인 면을 모두 가진다. 긍정적인 면은 어린 아동의 뇌가 양질의, 발달상 적절한 학습 환경으로부터의 도움을 받아들일 준비를 갖출 수 있다는 점이다. 부정적인 면은 이러한 학습 수용성이 아동의 뇌를 질적으로 떨어지는 환경, 위협적인 환경에 더욱 취약하게 만든다는 점이다. 그럼에도 불구하고, 세포의 발달은 사용법과 사용량에 비례하기에 아동의 애착

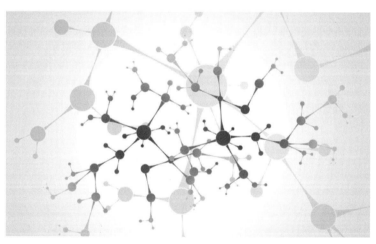

그림 3.1 신경세포의 연결

트라우마 공감학교

관계를 바로잡아줄 수 있는 적절한 초기 개입만 이루어진다면 신경세포 간의 긍정적인 연결을 회복할 수 있다.

초기 애착 관계에 있어 실패를 경험한 아동일지라도 그의 불안정성을 알아보고 이러한 초기 피해를 회복시켜주는 타인을 만날 수 있다면, 아이는 자신과 함께하는 그 교사나 타인으로부터 위안과 지지를 얻는 방법을 학습할 수 있다. 아동은 두 가지 극단적인 방식으로 초기 트라우마의 결과를 드러내는데, 시무룩하고 쌀쌀맞은 것처럼 보이는 태도로 어른의 관여에 저항하려 하거나 반대로 너무나 쉽게 애착을 가져 자신에게 약간의 관심이라도 내보이는 사람이라면 누구에게든 매달리는 것이다. 교사는 행동을 통해 무관심을 보여주는 아동에 특히 주의해야 하는데, 어른들이 무관심해 보이는 아이에게 똑같이 무관심으로 대응하는 일이 너무나 흔하기 때문이다. 무관심한 대응은 아이가 타인에게 가지고 있을지도 모르는 일말의 관심을 완전히 억눌러버린다. 이 아이들에게 필요한 것은 변함없는 관심을 보여주는 어른과의 지속적인 접촉이다. 관심과 지속적인 접촉은 아이들로 하여금 자신에게 관여하려는 타인의 노력에 응하는 능력을 높이고, 그 결과 아이가 호기심과 학습 능력을 되찾도록 도와주기 때문이다.

애착 문제를 가진 많은 아이들이 타인과의 접촉을 피하기는 하지만, 드물게 '구분 없는 근접 추구indiscriminate proximity seeking'라 지칭되는 증상을 보이는 아이들도 있다(Schuengel, Oosterman, & Sterkenburg, 2009). 이 아이들은 자신에게 조금이라도 관심을 보이면 누구에게든 선뜻 유대감을 갖는 아동이다. 이들은 또래는 물론 자신이 취약하다는 사실을 알아채는 악의적인 어른들에게 학대를 당할 위험성이 높다. 애착 대상의 구분이 없는 아동들은 적절한 경계선을 설정하고 유지할 수 있게 해줄 어른과의 협력 관계를 통해 회복될 수 있다.

우뇌 발달

애착 관계는 우뇌의 무의식적 자아 시스템을 형성하는 데 영향을 미친다(그림 3.2 참조). 이 과정은 유아가 언어 능력을 습득하기 이전의 발달 단계에서 일어나는데, 애착 관계가 대뇌 피질 및 대뇌 변연계의 자율신경 우뇌에 끼치는 영향은 우뇌와 흔히 결부되는 기본적인 안정과 안전감뿐만 아니라 훨씬 더 많은 부분에서 중요하다.

애착 관계는 유아의 언어 능력 습득 이전의 핵심 자아를 형성하고, 이것은 나중에 역동적 무의식으로 발달하게 된다(Schore & Schore, 2008). 이 비언어적 자기정의는 추후 무의식적으로 평생에 걸친 대인 관계의 맥락에서 영향을 미친다. 유아기에 학습된 정서 조절의 부호화된 전략들은 아동의 자기조절의 구성요소로 쌓여간다.

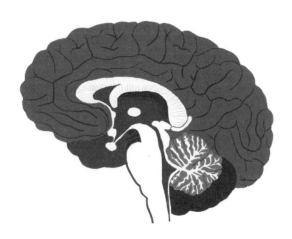

그림 3.2 대뇌 변연계와 우뇌

트라우마 공감학교

애착 과정은 기본적으로 상호적인 성격을 가지기 때문에, 양육자 자신이 트라우마 병력을 가지고 있어서 체계적이지 못하고 불안정한 애착 패턴을 유아에게 전달하면 이 경험은 발달 중인 유아의 우뇌에 그대로 각인된다(Schore, 2001, 2003). 유아의 욕구에 대한 양육자의 부적절하거나 거부적인 반응은 유아에게 트라우마를 유발하여 부정적인 영향을 주고, 각성도를 조절하는 기능의 발달을 저해한다. 이러한 양육자들은 유아가 자신의 내적 욕구를 관리하도록 도와주는 조절자의 역할을 하는 대신에 학대를 통해 극도의 각성 상태를 일으키거나 반대로 무관심을 통해 과도한 침체 상태를 유발하기도 한다.

트라우마는 아이를 과거에 머무르게 하는 동시에 앞으로 나아갈 수 없게 만든다. 현재의 경험들은 스스로 어찌할 수 없었던 과거 트라우마의 기억과 감정을 환기시킨다. 그 결과 트라우마를 겪은 아동은 과거로 되돌려져 지나간 사건들을 강박적으로 재현한다.

트라우마를 겪은 아동이 격렬한 감정을 경험할 때 그들의 마음은, 자신의 무서운 경험을 마음을 달래는 인지적 도식과 연결하는 데 실패한다. 과거 트라우마 경험과 감정의 기억이 우뇌에 깊숙이 박혀서, 비록 말로 분명하게 표현해낼 수는 없다 하더라도 아이의 행동에 영향을 끼치는 것이다. 트라우마적인 기억들은 의식이나 의지를 통해 통제할 수 없도록 분리되어 있다. 그 기억이 촉발되었을 때, 설명할 수 없는 압도적인 각성이 일어난다. 이러한 반응은 과거의 기억, 현실의 자신에 대한 인식 그리고 신체의 감각 및 통제 사이에 정상적인 통합 기능이 부분적 또는 전적으로 결핍되어 초래되는 현상이다.

학교에서의 애착

불안정한 애착을 겪은 아동은 자신의 주 양육자에게 취하는 행동과 매우 흡사한 행동을 교사에게 펼쳐 보인다. 교사와 직접 접촉하는 것을 피하고, 대신에 교실 안의 수업 용구에 관심을 보이는 것으로 관계를 형성하려 하는 아동이 있는가 하면, 교실 안 활동 및 통상적 절차를 지키는 일에 저항하고 쉽게 좌절하며 까다롭게 굴거나 성질을 부려 교사의 관심을 구하는 아동도 있다. 이런 아이들과 관계를 형성해가기 위해서는 예리하게 관찰하고, 부정적 패턴의 강화가 아니라 안전과 안심의 느낌이 전달되도록 그들의 두려움과 감정에 응대하는 일이 필요하다.

조율attunement: 두 갈래 과정

학교에서 교사와 아이의 긍정적인 관계를 형성하기 위해서는 안정적 유아기 애착 관계의 조율 과정과 비슷한 과정이 필요하다. 교사들은 놀이나 인정, 호기심, 공감 등의 특성을 사용하여 아동의 비언어적 의사소통을 관찰하고, 궁극적으로는 아동을 호혜적 상호작용에 참여시킨다. 교사는 눈 맞추기, 공감해주기, 몸짓 따라 하기와 같은 신호를 통해 자신이 아이들과 협력할 것이며, 그들을 존중할 것이라는 의사를 전달할 수 있다.

교사와 맺는 애착 관계는 모든 아동에게 이롭지만, 특히 학대와 같은 조기 트라우마의 병력이 있는 아동들에게 유용하다. 트라우마를 겪은 아이들은 대체로 어른들이 자신을 싫어하거나 거부할 거라고 생각하는데, 교사와의 긍정적인 상호작용은 아이들이 인간관계에 대해 갖는 이런 생각을 서서히 변화시켜주고, 동시에 안정감을 주어 새로운 사고나 행동을 시도할 기회를 마련해준다. 이런 관계를 통해 적절한 사회적 행동의 모범을 제시하고, 아이가 감정과 행동을 조절하는 능력을 키워줄 수 있다.

트라우마 공감학교의 교사는 트라우마가 관계와 학습에 미치는 영향을 인식하고 있다. 교사들은 트라우마 관련 지식을 사용하여 학생에게 숙달과 기쁨이라는 감각을 제공하는 활동에 아이들을 끌어들이는 동시에, 트라우마 반응을 촉발하는 활동을 피해갈 수 있다. 그들은 애착 대상으로서의 자신의 역할을 이해하며, 어릴 적 애착 경험이 긍정적 관계를 만들어내고 지속시키는 능력에 큰 영향을 끼친다는 것을 깨닫고 있어야 한다.

트라우마 공감학교의 교사들은 아동의 행동에 대해 객관적인 태도를 유지하며, 과거의 부정적 경험을 재현하지 않도록 새로운 방향을 향하게 해준다. 교사들은 비언어적으로 이루어지는 감정 표현을 주고받을 수 있어야 하며, 공감을 통해 아이들을 끌어들일 줄 알아야 한다. 또 스트레스 반응이 어떻게 작동하는 것인지에 대해 직접 알려주고 아동이 나타내는 싸움이나 회피, 숨기 등의 반응을 피해갈 수 있는 대안 전략들을 제시해주기도 한다. 시간이 흐르면 학생들은 압도당하거나 조절에 대한 어려움 없이 즐거운 활동을 즐기는 법을 배우게 된다.

새로운 트라우마에 노출되는 일 줄이기

아동이 겪은 양육 체험은 두 가지의 관계 시스템 중 하나를 만들어낸다. 질 높은 관계는 유대감을 형성하고 친화적인 사회적 시스템을 낳지만, 부적절한 돌봄은 거리를 두고 자기 분수를 알아야 한다는 인식을 특징으로 하는 위계적 시스템을 낳는다(Hughes & Baylin, 2012). 질 높은 양육 체험은 아동이 자기 자신과 타인을 이해하는 능력을 끌어올리는 다음과 같은 다섯 가지 신경 시스템의 발달을 촉진하는 유대적 관계를 발생시킨다.

(1) 아동이 방어적 태도를 보이는 일 없이 타인에게 접근할 수 있게 하는 사회적 접근 시스템
(2) 상호작용을 즐겁게 만드는 사회적 보상 시스템
(3) 비언어적 의사소통을 해석하고 타인이 다음에 무엇을 할 것인지 예측할 수 있도록 돕는 사람을 읽는 시스템
(4) 아동이 자신이 속한 사회적 세계를 이해하도록 돕는 의미를 만들어내는 시스템
(5) 대인관계의 갈등을 조절하고 친사회적 행동과 방어적 행동 간의 균형을 유지할 수 있는 시스템(Hughes & Baylin, 2012)

부적절한 돌봄을 받게 되면 부모 자식 간 역학이 애착이 일어나는 관계 체계에서 권력 기반의 서열화를 특징으로 하는 위계 관계의 시스템으로 변화한다. 위계적 시스템에서 양육된 아동은 자신 또는 타인과 조율을 하는 능력이 떨어지며, 갈등 해결 능력도 부족한 경향을 보인다.

그러나 안타깝게도 공립학교들은 대체로 위계적 시스템을 강화하는 행동 관리 기법과 훈육 방침을 선택한다. 학교의 구조와 교사들은 애착 관계를 시도할 기회를 주지 않는다(Bergin & Bergin, 2009). 학교에서 일어나는 일들이 과거의 부정적 경험을 강화할 때, 학교는 아이들

이 유년기에 겪은 트라우마의 영향을 줄이는 데 아무런 도움이 되지 않는다. 조기 트라우마 병력이 있는 아동은 변함없이 어른은 신뢰할 수 없는 사람이고, 세계는 불공평한 곳이라고 생각할 것이다. 즉, 아이들이 학업 및 사회관계의 숙달을 저해하는 과거의 애착 실패를 극복할 수 없게 되는 것이다.

트라우마 공감학교의 스태프들은 많은 수의 아동이 어릴 적 돌봄의 결과로 위계적 시스템을 예상하고 있다는 것을 알고 있어야 한다. 그래서 권위적이고 엄격한 학급 관리 기법을 피하는 대신 놀이나 허용, 호기심, 공감과 같은 뇌 활동에 기반한 전략들을 결합하여 사용한다. 불신하고 있는 아동의 뇌를 '깜짝 놀래키어' 어른의 행동에 대해 품고 있는 예측을 흔들어놓아야 한다(Hughes & Baylin, 2012). 이것은 과거의 트라우마가 촉발되는 사태를 막기 위한 상호 협력적 관계를 쌓는 첫걸음이다. 교사와 아동 간의 유대감이 발달하면 아동은 자기 학교에 대한 애착을 일상적으로 느낀다. 자기 학교에 유대감을 느끼는 아동은 소속감을 느끼며, '우리 학교에 있는 사람들은 나를 좋아한다'는 사실을 깨닫게 된다(Bergin & Bergin, 2009).

보호적 측면 강화하기

학교에서의 경험은 아동의 초기 애착 실패를 보상해줄 수 있다. 자신과 타인에 대한 지각을 새롭게 경험할 수 있는 환경이 제공된다면 말이다. 아동의 성취로 불안정 애착의 영향이 완화되며 선생님과의 좋은 관계가 아동들이 스스로를 더 높이 평가하게 만들기도 한다(O'Connor & McCartney, 2007). 이러한 일은 과제 수행과 행동에 대한 높은 기대치를 보여준 뒤 선생님이라는 발판과 더불어 아동이 달성할 수 있도록 과제가 조정됐을 때 일어난다.

교사와 학생의 협력적 관계는 문제해결 전략을 위한 최상의 틀을 제공한다. 교사와 학생의 협력적 관계가 있으면, 달성하고자 하는 목표에 대한 장애물이 있을 때에도 인내심과 낙관성을 유지할 수 있게 된다. 협력적 관계는 또한 아이들에게 도전받는 상황에 대한 대안적 해결책을 만들어낼 수 있는 배움이 일어나게 한다. 충분한 연습이 진행되면, 일상생활에서의 여러 도전에 대한 협상에 있어 점차 인지적 유연성을 발휘할 수 있게 된다.

또래 튜터링 혹은 음식이나 의복에 대한 지역사회 봉사 프로젝트 같은 기회가 있다면, 아이들은 다른 사람들과 함께 돌보는 일, 참여하는 일을 배울 수 있다. 이 경험은 특별히 가치가 높다. 함께하는 어른들이 아동과 충분히 시간을 갖고, 타인에 대한 아동의 기여가 갖는 의미에 대해 말해줄 수 있을 때 특별한 가치를 제공한다. 아동기 경험이 부정적이었던 어른들이라면 타인을 돌보는 일에 참여하는 것이 어릴 적 겪었던 역경을 극복하는 데 도움이 되었다는 것을 금세 깨닫는다.

애착 성공의 장애물

양육자의 애착 능력을 위협하는 문제가 존재하면 애착 관계 형성에 장애가 빚어지기도 한다. 예를 들어, 양육자가 아이들과 공유하는 데 쓸 수 있는 시간과 에너지를 제한하는 경제적 곤란 등이 문제가 될 수 있다. 정신건강 문제 또한 성공적 애착의 장애물이 될 수 있다. 양육자의 일관적인 태도나 정서적인 수용성에 안 좋은 여행을 미칠 수 있기 때문이다. 후성유전, 즉 환경적 요인에 기인한 유전자 발현 변화 또한 문제가 될 수 있다. 양육자 자신의 어릴 적 애착 관계가 아이에게 양질의 경험을 제공할 수 있을 만큼 적절하지 못했을 경우가 이에 해당한다.

경제적 요인: 만성적 빈곤 상태에서 살아가는 아동은 중산층 가정의 아동보다 불안정한 애착을 겪을 위험성이 더 크다. 빈곤층 아이들은 부유한 아동보다 부모의 지원을 경험하기 힘들고, 부모가 협력적인 태도로 아이를 대하는 경우도 드물다. 부유한 부모는 대체로 그들 자녀의 요구에 원활하게 응답하는 데 있어서 시간적, 에너지적 부담이 적다. 하지만 생계를 이어가는 일에 집중하지 않을 수 없는 양육자들은 대개 자기조절과 언어 발달에 필요한 신경네트워크를 구축할 수 있게 아동을 도울 기회를 놓치기 쉽다.

아동기 애착 실패는 장차 아동이 학교공부를 잘해낼 능력을 제한함과 더불어 사회관계의 고난 길이 시작되었음을 알린다. 긍정적 관계를 쌓아가는 것이 어려워지고, 자신을 또래들에 비해 인정받지 못하며 친구도 더 적다고 여기게 된다(Rosenfeld, Richman, & Bowen, 2000). 가난한 아이들의 다수가 양육자와 안정적인 애착 관계를 쌓은 아이들에 비해 자신감이 부족한 경향을 보인다. 일상생활에서 오는 만성적인 스트레스는 무력감과 절망감을 대변하는 행동 속에 분명하게 드러난다. 사람들은 끈기와 열정이 부족하다며 종종 그들을 비판하지만, 실은 그들 대개가 연령이나 발달 정도에 비해 과중한 가사 책임을 떠맡고 있다.

정서적 요인: 건강한 애착 관계를 위해서는 주 양육자의 정서적 수용성이 요청된다. 안정적인 애착을 경험해본 양육자는 아이에게도 자신의 경우와 같은 안전함과 행복감을 구축하는 데 필요한 일관성과 정

서적 조율을 제공해줄 수 있다. 반면에 애착 경험에 결함이 있는 양육자는 유아의 욕구에 일관되고 시의적절한 반응을 해주기 어렵다. 체계적인 애착 관계를 맺을 수는 있겠지만, 양육자 쪽에서 먼저 조율 능력의 부족을 드러내고 신뢰할 수 없는 행동을 보임으로써 아동에게서 회피적이거나 양가적인 애착 현상이 빚어진다.

회피적 애착 유형의 아동은 정서적으로 거리를 두려는 듯이 보인다. 그들은 감정을 거의 드러내지 않지만 연구에 따르면 그들의 내면은 끊임없이 계속되는 과도한 각성 상태에 처해 있다(van der Kolk, 2014). 그들의 어릴 적 경험에는 즐거운 '주고받기serve and return'가 결여돼 있다. 얼굴 표정과 목소리를 사용하여 호혜적 상호작용의 감각을 형성할, 둘 사이의 교류가 거의 없었던 것이다. 회피 애착으로 인해 아동은 주목받지 못하고 있다고 느낀다. 내적으로 관심을 열망하면서도 관심을 요구하기 위해 하는 일은 전혀 없다. 또한 타인에게 도움을 구하거나 사회적 지지에 기대는 것도 어려워한다.

양가적 애착은 더 극적으로 나타난다. 이 유형에 해당하는 아동은 울고 비명을 지르고 트라우마 반응을 일으켜 관심을 끄는 일에 매우 능하다. 양육자가 가까이 있다는 사실이 전혀 위안이 되지 않는 상황에서도 주목받기 위해 끊임없이 애를 쓴다.

양가적 애착은 아동의 불안을 고조시켜, 위험을 무릅쓰고 도전하거나 주변 환경을 탐색하는 능력을 저해한다. 양육자를 향한 과도한 관심과 경계심 때문에 이 아이들은 또래 친구들과 더불어 관심사를 추구하기가 어려워진다.

회피적 또는 양가적 애착을 행동으로 보여주는 아동이 호혜적 애착 유형을 보이는 또래들에 비해 안정감이 부족한 것은 사실이지만, 이러한 아동들도 대부분 학교 환경의 기대에 맞추는 일이 가능하다. 하지만 양육자가 만성적인 독성 스트레스[toxic stress]의 영향을 계속 받고 있는 경우, 아이는 부적절한 애착으로 인하여 성공적인 경험을 제공받지 못하는 일이 늘어나게 된다. 가정 폭력, 정신질환 또는 해결되지 않은 과거의 트라우마 등의 문제에 정신을 빼앗긴 양육자는 유아기 아동의 정서적 요구에 응해 아이와 함께 시간을 보낼 여유가 없다. 사정이 어려워지면, 유아는 돌보는 사람이 절실함에도 양육자의 주의를 끌 수는 없는 진퇴양난의 상황에 처하게 된다. 유아가 반응을 얻을 수 없다는 것은 애착 과정에 엄청난 충격적 영향을 미친다. 이로 인해 생겨나는 무질서한 애착 패턴은 유아가 양육자 또는 비슷한 역할을 맡는 다른 어른들을 무서워하게 된다. 양육자의 반응을 경험하지 못한 아이들은 내면의 안도감이 전혀 없어 아무도 신뢰하지 못한다. 스스로를 결함 있는 무력한 존재로 여기게 되고 자기에 대한 인식이 훼손되며, 이러한 인식은 감정 조절의 어려움과 맞물려 학업 및 사회적 관계의 실패를 유발한다. 아동은 무의식중에 억압된 감정을 행동으로 나타내는 경향을 가지며, 아무 눈치를 채지 못하고 있는 어른들을 끌여들여 자신이 겪었던 최초의 애착 실패를 '재현'하는 일을 자주 벌이곤 한다. 아이는 어른들로 하여금 자신의 양육자들이 자신에게 행한 것과 마찬가지로 거절이나 유해한 행동을 하고야 말도록 유도한다.

후성적 요인 : 아동의 초기 애착 관계는 신경 연결 섬유가 성장하고 발달하기 위한 근간이 된다. 이 연결을 위해서는 확고히 정착된 신경 연결을 가진 양육자와 서로의 '뇌와 뇌 사이'에서 일어나는 상호작용이 필요하다(Hughes & Baylin, 2012). 안타깝게도, 아동기에 부적절한 돌봄을 경험한 부모는 자식에게도 필요한 양육을 제공할 수 없다. 이 문제는 모델링을 잘하지 못한다거나(역할모델 노릇을 못한다거나) 동기부

여가 부족해서 발생하는 문제가 아니라 상당히 생물학적인 문제다. 아동기에 양육자로부터 받은 돌봄의 질이 낮으면 옥시토신 분비는 물론 부모와 아이 사이의 신경 연결을 형성하는 유전자들이 '침묵당한다'(Hughes & Baylin, 2012). 즉, 천성과 양육은 부모의 행동이 아동의 유전자 발현에 끼치는 영향에 의해 복잡하게 연결되어 있다. 특정한 행동은 유전자의 구조 자체를 바꾸는 것이 아니라 특정 유전자의 발현을 억제함으로써 아동의 유전적 형질에 실질적 변화를 일으킨다. 가령, 스트레스가 매우 큰 경험을 반복적으로 겪는 것은 고난에 적절히 대응하고 관리하는 역할을 하는 신경 회로를 손상시키는 후성적 변화를 야기할 수 있다(National Scientific Council on the Developing Child, 2010). 이러한 '후성적' 변화들은 다음 세대에도 전해진다. 학대나 방치가 유전자의 발현에 후성적 영향을 끼친다는 사실은 혹독하고 가학적이며 방치를 일삼는 양육이 마치 집안의 내력인 듯 보이는 이유를 설명해준다(Sigelman & Rider, 2015).(일반적인 경우에 후천적으로 획득한 형질은 다음 세대에 유전되지 않으나, 부정적인 애착과 같은 환경적 요인으로 인해 획득된 성질은 환경이 극단적으로 변화하는 일이 어렵기 때문에 마치 유전되는 것처럼 보인다는 뜻이다.-편주) 폭력이 한번 사용되고 나면, 그 특성상 부모와 아동 간의 관계가 유대적 관계로부터 권력 기반의 위계적 관계로 변해버린다. 유대감을 형성시키는 옥시토신의 발현은 억제되는 데 반해 스트레스 호르몬의 움직임이 증가한다(Hughes & Baylin, 2012). 적대적 환경에 직면하고 있는 아동은 양육자에 대한 적절한 대응법이나 고난을 감당하기 위한 전략을 가지고 있지 못하기 때문에, 애착을 향한 아이의 노력은 충돌을 빚을 뿐 대체로 성공을 거두지 못한다. 결국 아이들은 거리를 두고 방어적인 행동을 하는 데 열중하게 되어 참여율이 저조해지고, 자기파괴적인 행동에 나설 위험성이 매우 커진다.

애착과 행동

아동의 초기 애착 관계는 훗날 그 아이가 타인과 잘 지내고 긍정적인 사회적 상호작용을 나누는 능력을 얼마나 기를 수 있을지를 미리 보여준다. 안정적인 애착을 가졌던 아동은 학업 및 사회관계의 요구에 부응하는 데 필요한 자신감과 문제해결 능력을 지니고 있다. 반면 불안정한 애착 패턴을 가진 아동은 대개 자신감이 부족하고 때로는 자멸적이기까지 한 행동을 보이는 경향이 있다. 이런 아동이 가지는 흔한 문제가 자기조절self-regulation이다. 공격적으로 행동하는 아동이 있는가 하면 불안해하고 쉽게 좌절하는 아동도 있다. 어느 경우에 해당하든 이 아이들에게는 자신의 어릴 적 애착 실패를 넘어 앞으로 나아갈 수 있게 하는 치유 활동을 경험하게 해줄 필요가 있다.

각성과 자기조절

자기조절을 위해서는 아동이 스스로의 행동을 관찰하고 주변 환경의 요구에 맞추어 행동할 수 있는 능력을 갖춰야 한다. 자기조절은 자아성찰뿐만 아니라 여러 가지 자기위로의 전략들을 사용하여 내적 각성을 스스로 감당할 수 있는 수준으로 유지하는 능력과도 중요하게 연관되어 있다. 그네를 타거나 록 음악에 맞추어 춤을 추는 것 같은 신체의 움직임에서 위안을 얻는 아동이 있는가 하면, 음악을 듣거나 믿는 친구와 물리적으로 가까이 있을 때 마음이 진정되고 편안해지는 아동도 있다. 아이들이 이러한 기능을 습득하려면 훈육의 룰을 지키기보다 아동의 내적 상태를 이해하는 데 더 관심을 갖는 어른들의 애정 어린 협력이 필수적이다.

협력을 중시하는 훈육 모델은 레모브의 분류학(Lemov's Taxonomy, Lemov, 2010), 깨진 창문 이론(broken window theory, Wilson & Kelling, 1982), 연방정부의 불관용 정책(Noguera, 1995)과 같은 전통적인 교육 패러다임으로부터 눈에 띄는 변화를 예고한다. 이와 같은, 현존하는 교육 모델들은 아동의 동기부여를 살피는 노력은 전혀 없이 지시에 불응하는 행동에 대한 즉각적이고 때론 강압적인 제재만을 가한다. 이런 방침들이 시행될 때마다 교사와 학교 관리자들은 아동을 파트너로 삼을 기회와 아이의 뇌 상부, 대뇌 피질을 사용하여 아동의 각성도를 조절할 기회를 놓치게 된다. 또한 강압적 훈육 방침들은 뇌 하부의 반사적 생존 매커니즘을 강화하고 이로 인해 아동이 발전하지 못하게 한다.

동기

긍정적 애착 관계 속에서 어른은 아이가 자기 자신과 타인에 대해 긍정적인 태도를 갖도록 도울 수 있다. 어른의 이런 도움이 없으면 아이는 비관적으로 자라면서 불행해질 가능성이 높다. 어릴 적 트라우마 병력이 있는 아동은 삶의 부정적인 면을 향한 주의의 편향이 생겨나는 경우가 흔한데, 이는 그들이 성공이나 기쁨보다 스트레스와 문제를 더 자주, 더 또렷하게 겪는다는 뜻이다. 이 아이들은 과제를 시작하는 대신 연필을 깎거나 물 한 모금을 마시기 위해 자리를 뜨는 등 불안이나 회피 행동을 보일 공산이 크다. 따라서 이들에게는 또래 아이들보다도 안정감을 주는 말이나 행동을 더 많이 제공하고 긍정적 사고의 기술을 익힐 기회 역시 더 많이 줄 필요가 있다.

아이들로 하여금 보다 낙관적으로 미래를 보는 능력을 몸에 익히도록 하려면 아이들과의 협력을 통해 그들의 자아를 확장시켜 자기 행위에 대한 주체 의식, 나아가 자신의 미래를 상상하는 능력까지 자아에 포괄할 수 있도록 해주어야 한다. 몸과 마음에 깊이 배어 있는 비관적 태도를 극복하는 것은 결코 쉬운 일이 아니다. 그러기 위해서는 아이들에게 목표를 정하고 관련된 행동을 선택하며, 스스로 선택을 검토해볼 수 있는 경험을 반복적으로 제공해야 한다. 이러한 경험에는 아동의 전전두엽 피질을 강화할 수 있도록 하는 과정이 반드시 수반되어야 한다. 과정은 일상의 모든 수업 과정과 통합될 수 있으며, 동시에 비판적 사고기술을 늘려주는 최상의 교육방안에 해당한다.

언어는 행위주체 의식을 향상하는 데 중요한 역할을 한다. 어릴 적 트라우마 병력이 있는 아동의 자아의식은 형태가 없거나 발달이 덜 되어 있다. 트라우마를 받은 아이들에게는 초기 유아들과 마찬가지로 양육자의 끊임없는 관심의 강화가 필요하다. 양육자의 관심이 충분히 반복되어 제공되었을 때, 아동은 이를 내면화하여 자기인식으로 변형할 수 있다. 긍정적인 초기 애착 경험이 부족한 취학 연령기 아동에게는 교사가 아이들을 격려하여 아이들이 서로의 긍정적 특성들을 인식하고 서로 인정하게 하는 교실 환경을 만들어줌으로써 도움을 줄 수 있다. 이 활동들은 더 나은 자기인식을 발달시켜야 하는 아동에게 회복적 기능을 제공하며, 동시에 소속감과 존중의 분위기를 조성해준다.

필기구, 음악 취향, 간식과 같은 단순한 것들에 대한 아동의 선호에 대하여 설문을 하거나 부담을 주지 않는 다른 방식을 써서 질문하는 것은 아동으로 하여금 위험 부담 없이 자기 자신을 재미있게 정의할 기회를 준다. 교사나 또래 친구들이 한 아동의 개인적인 기호에 대해 언급할 때마다 그 아이는 자기인식을 강화할 수 있는 피드백을 받게 된다. 이런 피드백이 충분히 반복되면 아동은 자신의 행동에 대한 자율적인 관찰 능력을 포함하는 자아상을 점차 구축해갈 수 있을 것이다.

교육개혁에 미치는 영향

트라우마 공감학교의 스태프들은 캐롤 리$^{Carol\ Lee}$가 말한 발달 과정에 초점을 맞춘다. 캐롤은 이 발달 과정을 통해 "사람들은 어떻게 행복감과 자신감을 길러내고 지속시키며, 또한 어떻게 대인 관계를 쌓고 장애물을 극복하는지를 학습할 수 있다"고 주장했다(Lee, 2007, p. 222). 학교의 스태프들은 "감정을 다루는 탐정$^{emotional\ detectives}$"이라고 할 수 있다. 학생들을 평가하는 것이 아니라 학생들을 관찰해서 이해하고, 자기조절을 저해하는 인지의 왜곡을 바로잡도록 돕는 일을 하기 때문이다.

아동의 자기조절 능력은 서서히 발달하며 환경적 조건에 따라 변화한다. 스트레스가 큰 상황에서 퇴행이 일어나는 일은 드물지 않으며, 이는 어릴 적 트라우마 병력이 있는 아동의 경우 특히 더 그러하다. 무엇인가가 트라우마에 관한 기억을 자극할 때마다 대뇌 피질을 통해 반응을 조절하는 능력에 손상을 입는다. 다시 말해 트라우마 기억은 본질적으로 감각상의 문제이고, 따라서 아동은 사고를 통해 자신의 반응을 제어할 수가 없으며, 결국 불편한 심기를 몸으로 표현할 공산이 크다.

대뇌 피질의 스트레스 중재 기능을 회복시키는 가장 빠른 방법은 아이들로 하여금 각 감각 기관과 연결된 뇌 부위들 사이의 균형을 맞춰주는 활동에 참여하도록 하는 것이다. 예를 들면, 율동이나 몸 흔들기, 노래 부르기, 드럼 치기, 입에 넣고 빨기, 심호흡하기 등의 활동이 해당된다. 이렇듯 감각적 신체활동의 제공을 통해 접근한다는 것은 학교 스태프들이 충동적인 분노 폭발을 피해가고, 각성도를 조절할 수 있도록 아동의 공동 조절자co-regulators의 역할을 한다는 뜻이다.

교사의 지원을 받아 아동은 과각성의 첫 신호를 알아채고 마음이 진정될 때까지 잠시 몸을 흔들거나, 드럼을 치거나, 아니면 방 주위를 거닐다가 다시 학업으로 복귀하는 법을 학습한다.

결론

아동의 애착 관계는 유전자 발현이나 신경 가소성을 포함한 발달의 모든 측면에 중대한 영향을 끼친다. 안정적인 애착은 아동이 주위 환경을 탐색하는 일과 새로운 학습에 흥미를 느끼도록 해준다. 반면 불안정한 애착은 정반대의 결과를 낳는다. 다양한 종류의 경제적, 정서적, 후성적 경험은 자신과 타인을 신뢰하는 아동의 능력을 제한하게끔 뇌의 신경 구성을 변화시킨다. 교사와의 긍정적인 애착 관계는 학생이 어릴 적 애착 실패를 보완할 수 있도록 도와주고, 학교에서의 긍정적 경험은 아이들에게 새로운 개념과 행동을 탐구하는 데 필요한 자신감을 준다. 이런 환경 안에서 아동은 자신과 타인에 대한 자신의 지각을 개조할 수 있다.

관리자가 할 수 있는 일

1. 위계적 관계가 아니라 공동협력과 유대감 형성의 발달을 돕는 학교 분위기를 만든다.

2. 스태프들 모두에게 뇌 기반 행동 관리 기법을 주제로 한 전문 연수를 제공한다.

3. 스트레스 관리와 휴식 기법을 다루는 워크숍이 포함된 건강 프로그램에 참여할 기회를 제공한다.

4. 아동이 도움을 주는 역할을 하는 어른에게 쉽게 접근할 수 있는 학교 분위기를 만든다. 이 목표를 이루기 위해 멘토링 관계를 맺어주고, 교실 회의를 활용하며, 현지 대학원의 교육, 사회복지, 심리학 프로그램으로부터 교생을 충원할 것을 장려한다.

5. 교사를 독려하여 아동이 자신의 감정을 조절하고 편안한 수준의 각성도를 유지하도록 돕는 방식을 통해 협력을 취하는 학교 분위기를 조성한다. 발달상 적절한 속도와 난이도는 아동으로 하여금 '멍때리는 일'이나 주눅 든 기분을 느끼는 것을 피하고 작업에 몰두할 수 있도록 돕는다. 또 참여 확인check-ins과 동작 그만movement breaks을 지시하는 빈도를 높일 것을 추천한다.

6. 긍정적 행동 지원을 통해 아이들이 편안한 기분을 느낄 수 있도록 해주는 수단의 필요성을 다루는 전문 연수를 교사에게 제공한다. 음악과 동작 말고도 추를 매단 담요나 조끼 그리고 갖가지 질감을 살린 천조각 등이 사례가 될 수 있다.

7. 학교 전체 차원의 목표 설정과 긍정적 결과에 대한 공식적 인정을 통해 아동의 낙관적 사고를 기르는 학교 분위기를 조성한다.

8. 학교 활동이 성공리에 완수되도록 돕기 위하여 비상한 노력을 기울이는 아동의 공헌을 공개적으로 인정해준다.

9. 학교 스태프들에게 트라우마 기억의 본질과 위험성에 대한 전문 연수를 제공한다.

10. 교사가 스스로 내적 상태를 관리하고 아동의 트라우마를 재현시키는 것을 막기 위해 필요한 기술을 습득할 기회를 자주 제공한다. 트라우마를 겪은 아동을 효과적으로 다루기 위해서 교사는 객관성을 유지하기 위해—특히 돌발행동을 단계적으로 줄이고 있을 때는 더욱—학생의 행동에 대한 자신의 반응을 검토할 필요가 있다.

11. 아동의 행동에 대해 평가하지 않고 호기심으로 접근한다. '블록을 던지지 말아라'라고 말하지 않고 '블록을 던질 때 무슨 생각을 하고 있었니?'라고 묻는 것이다.

12. 교사를 독려하여 자신이 맡은 아동에게 변함없고 일관된 관심을 보여주도록 한다. 교사가 필요에 따라 정신건강 전문가들과 협력하여 특정 아동을 위한 적절한 개입을 만들어낼 수 있는 권한을 필요에 맞춰 제공한다.

13. 지역사회의 기관들을 파트너로 정하여 개개인에 맞춘 어른의 관심에 의해 도움을 얻을 수 있는 멘토링 프로그램을 후원한다.

14. 집에서 해오는 숙제나 교실 밖 과제를 마치지 못하는 아동을 벌주는 평가 방침을 없앤다.

15. 수용력과 존중의 발달을 돕는 어른과 아동 사이의 상호작용에 대한 학교 전체 차원의 기획을 짜고 실행에 옮긴다. 예를 들자면, 이름을 불러 아동에게 말을 건다거나, 스태프들과 아동을 독려하여 복도를 지나갈 때 서로 인사를 하게 한다든지, 다양성과 포용을 강조하는 미술작품을 전시하는 일 등이 있다.

16. 교가, 좌우명, 로고 등을 사용하여 아동이 자신이 소속한 본거지로서 학교와 연결되도록 돕는다.

교사가 할 수 있는 일

1. 눈 마주치기, 관심 보여주기, 몸짓 따라 하기를 사용하여 아동에 대한 존중과 그들과 협력하려 한다는 의욕을 전달한다.

2. 권위적 교실 관리기법 대신 공동 협력 및 지지의 감각을 길러내려는 뇌 기반 전략을 택한다.

3. 아동에게 학업 수행과 행동에 대한 적절한 기대치를 제시하고, 그에 병행하여 기대를 충족하는 데 필요한 기초 지원과 편의 수단을 제공한 뒤 약속을 지키게 한다.

4. 필요한 서비스나 지원을 제공함으로써 아이들에게 서로를 돌볼 기회를 제공한다.

5. 아동이 찾을 때는 언제나 정서적 도움을 베풀어 감정과 행동을 조절하려는 그들의 노력을 지원할 수 있도록 한다.

6. 참여하는 학생과 교사 양쪽 모두의 뇌, 마음, 몸 사이의 역동적 관계를 지원하는 교실 환경을 만든다.

7. 관찰한 것을 사용하여 아동의 내적 상태를 평가하고 당신이 지각한 것에 근거하여 아동의 자기조절 노력을 지원한다.

8. 관찰과 적극적인 경청을 사용하여 안전함을 느끼고 자유롭게 탐구할 수 있도록 하는 긍정적 관계를 아동과 맺는다.

9. 물리적 근접, 좌석 선택, 시각적 템플릿, 발달상 적절한 속도 설정 등과 같은 긍정적 행동 지원을 사용하여 아동이 편안한 수준의 각성을 유지하도록 돕는다.

10. 마음을 진정시키는 감각 투입을 아동에게 제공하여 아동들의 자기조절을 돕는다.

11. 목표 설정, 선택 결정, 자기성찰 등을 통해 전두엽 피질을 강화할 기회를 제공한다.

12. 아동을 격려하여 서로의 긍정적 특성을 알아채고 인정하도록 한다.

13. 교실 안에서 라인 리더line leader, 줄의 가장 앞에 서는 아이나 깃발을 든 아이.-역주를 정해주고 지위 역할status role 놀이를 하여 아동이 자존감을 기를 기회를 만들어낸다.

14. 미래 예측의 기대치를 확인하는 데 도움을 줄 수 있도록 예정된 일과를 준수한다.

15. 아동을 서로 주고받는 상호 교환에 참여시켜 호혜의 관계를 이해하는 문제를 다룰 수 있게 한다.

16. 아이들의 경험을 넓히고 미래를 상상하는 대안적인 방법을 자주 사용하여 풍부한 활동을 통해 그들의 흥미를 탐험하는 기회를 제공한다.

4장
트라우마가 학습 의욕에 미치는 영향
트라우마와 인지 발달

혼란이 급기야 걸작을 만들어내고 말았소.
Confusion now hath made its masterpiece.

−셰익스피어Shakespeare의 『맥베스』 中

트라우마가 아동의 학업적, 사회적 역량에 미치는 해로운 영향은 일찍부터 시작된다. 초기의 애착 관계 형성에 지장을 초래하는 경험들은 표상적 사고력, 즉 이미지와 단어를 사용하여 내적 및 외적 세계에 대한 사고를 하는 능력의 발달을 방해한다. 표상적 사고력은 공감 능력과 언어 능력을 위한 인지적 기초이며, 기억력, 주의력, 집행 기능executive function과 밀접하게 연관되어 있다.

4장에서는 어릴 적 트라우마가 자신 및 타인에 대한 심적mental 이미지를 형성하는 아동의 능력에 어떠한 영향을 미치는지 살펴본다. 또한 트라우마가 공감 능력 및 표상적 사고력의 발달에 미치는 영향에 대하여 논의할 텐데, 이때 이 공감 능력과 표상적 사고력은 추정적 추론 능력 및 언어 능력의 발달 그리고 집행 기능과 결부되어 있으므로 이들 또한 자세하게 다룰 것이다.

표상적 사고의 발달

표상적 사고의 발달은 아동의 감각운동 기관^{sensory motor}(감각 기관과 운동 기관을 포괄하는 통합적 시스템.-편주)이 주변 환경을 탐색하면서 시작되고, 비언어적 개념들에 대한 심적 이미지의 형성을 향해 나아가며, 궁극적으로는 단어를 통해 구체화된다. 이는 상징을 사용하여 사고하면서도 자신과 타인의 차이를 효과적으로 식별하는 뇌의 두 가지 능력을 반영하고 있다.

감각운동 기관의 발달

갓 태어난 아기는 자신이 느끼는 감각들과 자아를 구별할 수 없다. 오직 양육자와의 상호작용이 이루어질 때에만 아기는 비로소 자신이 그저 감각을 받아들이기만 하는 것 이상의 존재라는 것을 학습한다. 자신의 행동이 타인에게 미치는 영향을 알게 되는 것이다. 예를 들어, 울음은 양육자에게 배고픔과 불편함을 해소하는 반응을 요구하는 신호가 된다. 미소를 짓거나 옹알이를 하면 타인도 비슷한 표현과 발성으로 응답을 한다. 주변 환경을 탐색하면서 전에 몰랐던 새로운 감각들을 학습하며, 즐거운 경험은 반복하고 불쾌한 경험은 회피하는 자신의 능력에 대한 자각이 쌓인다. 다정한 양육자와 기분 좋게 말을 주고받는 행위를 통해 친숙한 사물과 그 속에 내포된 감각들 사이에 연결이 맺어진다. 그래서 좋아하는 담요를 볼 때 아동은 담요의 부드러운 감촉과 포근한 온기를 예상한다. 젖병을 보고 신이 나는 것은 이제 먹을 때임을 알기 때문이다. 이 아이는 이제 상징을 사용하여 사고하고 있으며 난생 처음으로 표상적 사고를 하고 있는 것이다.

아이가 몸짓이나 비언어적 의사소통을 사용하여 자신이 원하는 바를 전달하는 법을 학습하기까지는 그리 오랜 시간이 걸리지 않는다. 아이는 엄마의 미소나 찡그린 얼굴, 또는 같이 놀고 싶은 사람과의 눈 맞춤과 같은 타인의 비언어적 의사소통을 통해 해석하는 법을 학습하는데, 이는 표상적 사고력의 발달에 있어 중요한 한 획을 긋는 사건이다. 아동은 단지 표상을 사용하여 의사소통을 하는 것이 아니라 고유의 생각, 감정을 가진 타인과 다른 자기 자신을 식별하는 법을 학습하고 있는 것이다. 언어의 습득과 함께 아동은 자기 자신의 생각과 감정을 표현하는 것이 가능해지며, 타인의 언어적 또는 비언어적 의사 표현을 통해 그들의 의도를 판단하고 행동을 예측하는 일이 가능해진다.

그러나 어릴 적 트라우마와 애착 실패는 다양한 방식으로 이러한 발달상의 변화들을 방해한다. 부모 자신의 어릴 적 트라우마에서 비롯된 불안정한 애착 관계의 주된 특징은 경계 설정이 모호하다는 점이다. 이런 양육자는 부모의 욕구와 자녀의 욕구를 구분하지 못한다. 이로 인해 자아 분화와 감정 조절 능력을 길러줌으로써 아동의 욕구를 충족시키는 양육 능력에 제한을 받게 된다.

타인의 생각 알기

아동의 언어 능력과 의미 기억력semantic memory은 동시에 발달한다. 이두 가지가 병행될 때 아동은 사람이나 물체, 사건들에 대한 내적 이미지들을 마음속에 담을 수 있으며, 이러한 이미지는 대상이 더이상 곁에 있지 않게 되더라도 지속된다. 이 대상 영속성object permanence의 감각으로 인하여 아동은 타인에 대해 추상적으로 생각할 수 있게 되며, 또한 스스로의 행동에 동기나 감정 등을 품게 된다.

타인을 고유한 생각과 의도를 가진 별개의 개인으로 인식하게 됨에 따라, 아동은 타인의 관점에서 상황을 보는 법을 학습한다. 타인이 무엇을 생각하는지를 이해하는 법을 배우며, 경험에 근거하여 다른 이의 행동을 예상하는 일에 더 능숙해진다. 타인의 생각과 감정의 표현들을 자신이 사고하는 과정에 포함시키게 되며, 타인도 자신과 똑같이 한다는 것을 깨닫게 된다. 타인의 심적 상태를 들여다보는 통찰력을 얻을 수 있기에 이야기를 공유하고 또래들과 함께 노는 것을 즐길 수 있는 아동의 능력이 늘어나게 된다.

일관성이 결여된 양육 과정을 반복적으로 경험하게 되면 아동이 이러한 대상 영속성을 습득하는 일에 방해를 받는다. 사람이나 물체가 시야에서 사라져도 여전히 존재한다는 것 그리고 자기 자신도 타인의 마음속에 존재한다는 것을 이해하지 못하게 되면 그들의 표상적 사고력은 저하될 수밖에 없다(Craig, 2001; van der Kolk, 2005). 타인의 생각과 감정에 대한 통찰이 부족할 때, 아동은 타인의 욕구에 둔감해지고 그들과 관점을 공유할 수 없게 된다.

공감 능력 발달시키기

공감 능력은 타인의 감정 상태를 알아차리고 공유하는 능력으로부터 나온다(Hastings, Zahn-Waxler, & McShane, 2006). 그동안에는 몇몇 아이들이 다른 아이들보다 민감하거나 직관적일 뿐이라는 의견이 지배적이었다. 이타심이나 친절은 아동의 본성으로부터 비롯된다고 생각했다. 그러나 이제는 과학에 의해 훨씬 복잡한 사실들이 밝혀졌다.

공감 능력은 발달 과정 동안 일어나는 환경적 프로세스와 생물학적 프로세스의 상호작용에 의해 형성된다. 공감은 정서적 요소와 인지적 요소의 특징을 모두 갖고 있는데, 정서적 요소로 인하여 아동은 타인의 정서적 경험에 부응하거나 동반할 수 있게 되고, 인지적 요소의 도움을 받아 자기중심적 사고를 벗어나 타인도 그들 고유의 경험을 갖고 있다는 깨달음을 얻게 된다. 이를 통해 타인의 생각과 감정을 이해하는 법을 배우는 것이다.

공감의 정서적 측면과 인지적 측면의 발달은 모두 아동의 어릴 적 애착 관계 안에서 일어난다. 상황이 그러하므로 아동은 양육자와의 관계 속에서 연결의 감정뿐만 아니라 사회적 거부 또한 경험할 수밖에 없다. 안정적인 애착 관계에서라면 거부당했던 경험들은 양육자에 의해 금세 치유된다. 그러나 불안정하고 지리멸렬한 애착 관계에서는 치유가 일어나지 않는다. 그 결과 아동은 타인에게 거부당하는 것을 당연시하게 된다.

어느 경우가 되었든 이러한 애착의 경험들은 뇌에서 사회적 행동을 담당하는 회로와 신체의 고통을 담당하는 회로들을 연결한다. 또한 이 회로들은 아동으로 하여금 자신과 타인의 차이를 식별할 수 있게 해주는 회로와도 연결된다. 이런 회로들 간의 상호작용이 공감 행동의 기초가 된다.

신경 회로들이 어떻게 상호작용하여 공감적 사고와 행동을 만들어내는가에 대해서는 어느 정도 논란이 있다.

시뮬레이션 이론(Rameson & Lieberman, 2009)은 경험 모델을 선호한다. 시뮬레이션 이론의 지지자들은 아동이 타인에게 필요한 것을 모색할 때 유사한 상황에서 자신이 직접 겪은 고통과 자기위로의 경험을 사용한다고 주장한다. 스스로가 타인에게 위안을 받은 적이 있어야 아동은 타인에게 손을 내밀어 정신의 고통을 덜어주려 한다는 것이다. 이러한 주장의 근거는 어떤 일을 경험하고 있을 때 활성화되는 신경 회로와 동일한 처지의 타인을 관찰할 때 활성화되는 신경 회로가 동일하게 나타난다는 사실이다.

이에 반해서, 마음이론theory-of-mind의 지지자들은 좀더 인지적인 접근방식을 취한다. 이들은 공감적 연결이 아동이 타인의 마음에 대해 생각하고, 타인의 감정이라고 생각한 것에 자신의 행동을 맞추는 능력의 결과물이라고 주장한다. 내측 전두엽의 조정을 받는 과정에서 공감 능력에는 타인에게 어떻게 행동할 것인가에 대한 좀더 의식적인 의사 결정이 수반된다. 이때 타인과 접촉하는 방법의 선택폭은 시뮬레이션 이론과 마찬가지로 아동 자신의 경험에 좌우된다.

어릴 적 트라우마는 공감 능력의 발달을 저해한다. 그 결과, 어릴 적 트라우마를 겪은 아이들의 경우 대다수가 타인의 심적 고통을 알아채고 완화해주려 하는 의지가 또래들에 비해 약하다. 하나의 원인은 아이들 스스로가 불편함을 알아채고, 자기위로를 하는 능력을 위협하는 감정 둔화 현상 때문이라고 할 수 있을 것이다. 그러나 트라우마를 겪은 아이들 가운데는 지나치다 싶을 정도로 과도한 공감 능력을 행사하는, 마치 타인을 배려함으로써 자기 자신의 고통을 완화하려는 듯 보이는 아이들도 있다.

이것은 트라우마가 내측 전두엽에 영향을 미치는 탓이기도 하다. 트라우마를 겪은 아이들은 타인의 생각과 감정을 이해하는 능력이 제한되어 있기 때문에, 아스퍼거 증후군을 가진 일부 아이들과 흡사하게 사회적 미숙아로 보일 때가 많다. 아이들 자신이 타인의 감정이나 의도를 추론할 때 어려움을 겪기 때문에, 타인이 볼 때에도 이런 아이들의 생각이나 행동은 예측하기가 어렵다. 이런 문제는 읽기나 수학에 필요한 추론 능력에 악영향을 주고, 사회적 인지 오류를 불러일으키게 된다.

어릴 적 트라우마가 언어 발달에 미치는 영향

언어는 아동의 내적 세계와 외적 세계를 잇는 다리 기능을 한다. 언어는 아동이 자신의 행동을 검토하고 주변 사람들과 소통하며 관념적 세계를 탐구할 수 있도록 돕는다. 돌봄 관계에서 일관성이 부족할 때, 아동은 자기대화self-talking를 사용하여 행동을 검토하고 일상 속에서 다음에 이어질 일이 무엇인지 예상하는 능력에 손상을 입는다. 어릴 적 양육 체험에서 똑같은 활동이 어느 때는 아예 일어나지 않고 또 어느 때는 무작위로 일어난다면 아이로서는 그것이 일어날지 아닐지 예측하기가 어려워진다. 이렇게 되면 아동의 안전 욕구와 듣기에 집중하는 능력이 서로 간섭하기 때문에 타인과 소통하는 것이 어려워진다. 또한, 제한된 어휘력으로 인하여 관념적 탐구와 자기표현이 일어나기가 점점 어려워진다.

언어 능력의 신경적 구조는 전전두엽 피질, 해마, 편도체, 뇌들보를 비롯한 뇌의 여러 부위들과의 광범위한 연결성을 가지는 복합적 시스템 안에 단단히 정착되어 있다. 이 회로들은 아동의 어릴 적 양육 관계 안에서 발달하는데, 관계가 발달적으로 적절하여 도움을 주는 경우 양육자는 아동의 경험에 이름을 붙여 시간 순서로 배치함으로써 경험에 의미를 부여하도록 도와줄 수 있다. 이를 통해 아동은 상징적 표현들을 그것이 의미하는 심적 이미지로 변환하는 방법을 학습한다.

아동은 언어를 사용하여 '자신에게 말을 거는' 행위를 내면화함으로써 이러한 변환을 행하는데, 이러한 자기대화는 자기조절 능력의 필수적 요소이며 보다 고차원적인 사고와 문제해결 능력을 위한 토대를 제공한다.

트라우마로 훼손된 어린 시절을 보낸 대다수의 아동은 위와 같은 과정으로 언어를 사용할 수 있는 능력이 부족하다. 이는 어느 정도는 트라우마 경험의 비언어적 측면 탓이다. 아이는 감정에 단어를 입히는 일을 할 만한 능력이 없기 때문에, 비언어적인 역할을 하는 우뇌가 이를 대신하기 위해 몸짓이나 얼굴 표정, 목소리 톤, 행동 등을 통해 이상이 있다는 신호를 보낸다. 이러한 비언어적인 체험은 의식적으로 떠올릴 수는 없지만, 그렇다고 해서 아무런 영향이 없는 것도 아니다. 이런 아이는 "떠올릴 수조차 없는 과거의 경험에 끝없이 쫓기게 된다"(Bloom & Farragher, 2011, p. 113).

언어와 자아부상 emergent self

일관된 자아의식의 발달 과정은 상당 부분이 아동의 내면화된 말하기, 즉 자기대화에 의존해 이루어진다. 안정적인 애착 관계에서는 양육자가 매일같이 많은 시간을 들여 아이에게 그날그날의 활동과 일상에 대해 말을 건다. 즐거웠던 일이나 만나서 행복했던 사람들에 대한 추억담을 나누고, 아이를 도와 가까운 미래에 무슨 일이 일어날지, 또 무슨 준비가 필요할지를 예상할 수 있도록 한다. 뿐만 아니라 단어를 통해 아이의 행동해 대하여 이야기해주며, 필요할 경우 좀더 성공적으로 목적을 달성하기 위한 제안을 하기도 한다. 이런 경험을 통해 충분한 연습이 이루어지면, 아동은 이런 대화를 자기 자신과 이어가는 데 성공하고, 자기대화를 통해 스스로의 행동을 검토하며 다가올 중대사에 대비해 준비를 할 수 있게 된다.

부모가 이러한 유형의 대화에 아동을 참여시킨다는 것은 아이에게 많은 어휘를 제공해주는 것이며, 언어를 통해 행동을 검토하는 법을 가르쳐주고, 사건을 시간 순서대로 배치하는 순차적 사고방식을 알려주는 것이다. 이를 통해 아이의 학습 역량을 높여줄 수 있다. 이는 일관된 자아의식의 발달뿐만 아니라 하나의 경험을 다양한 시점에서 관찰하는 능력의 발달도 도와준다.

그러나 대인관계에 관련된 트라우마는 그 파괴적인 특성을 통해 위와 같은 여러 가지 중요한 기술들의 발달을 저해한다. 안정적인 애착을 형성시킬 수 없는 양육자는 대부분의 경우 내면의 언어 발달에 필요한 아이와의 지속적인 협력 관계를 구축하지 못하고, 결과적으로 회피적이고 저항적이며 무질서한 애착 패턴이 형성된다. 이런 아동은 선형적, 순차적 사고력이나 조망 수용perspective taking(자신과 타인의 시각을 구분하여 타인의 생각, 감정, 행동 등을 그 사람의 관점에서 이해하는 능력을 뜻함.-편주) 등의 영역에서 부족함을 보인다. 이들은 충동적이며, 자기 자신을 관찰하는 기술이 부족하다. 어른들과 의미 있는 대화를 나눌 기회가 제한됨에 따라 어휘력이 하락하며, 떠올릴 수도 없는 과거의 트라우마는 일관성이 없고 혼탁한 자아의식을 만들어낸다(Bloom & Farragher, 2011, p. 113).

언어와 정보 교환

어린 시절의 학대는 좌우 반구의 언어 중추들을 연결하는 신경경로, 특히 전두엽 피질 아래에 있는 브로카 영역Broca's Area과 상측두회Superior Temporal Gyrus에 있는 베르니케 영역Wernicke's Area에 상당한 영향을 미친다 (그림 4. 1 참조).

브로카 영역의 신경세포들은 언어음speech sound과 표현적 언어를 생산하는 일을 담당한다. 이 영역은 단어와 문장의 의미를 면밀하게 해석하고 표현을 만들어내는 역할을 하는데, 뇌의 여러 부위 가운데서도 특히 스트레스에 민감한 영역이다. 스트레스에 의해 생성된 코티솔이나 다른 호르몬들로 인하여 이 영역의 활동이 저해될 때, 사람은 그야말로 '말문이 막히'고 만다.

불안과 브로카 영역의 활성화가 갖는 관계성은 어릴 적 트라우마

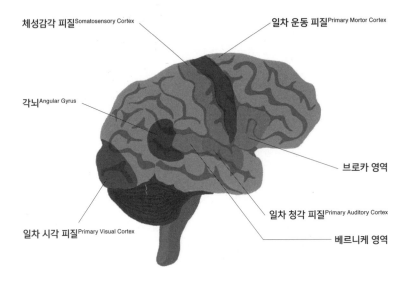

체성감각 피질Somatosensory Cortex

일차 운동 피질Primary Mortor Cortex

각뇌Angular Gyrus

브로카 영역

일차 청각 피질Primary Auditory Cortex

일차 시각 피질Primary Visual Cortex

베르니케 영역

그림 4.1 뇌의 언어중추

를 겪은 아이들에게 중요한 시사점을 갖는다. 이런 아이들의 만성적인 과흥분 상태는 언어로 의견을 피력하거나 문제해결을 위해 언어를 사용하는 것을 어렵게 만드는데, 이런 증상은 아이들이 자신의 연령대에 맞는 수준의 어휘력을 갖추고 있음에도 불구하고 일어난다. 이런 아이들이 자신의 행동에 대한 정보나 그에 대한 정당한 근거를 제시해달라는 요청을 받았을 때 말문이 막혀 침묵하는 경우는 드물지 않은데, 이런 증상이 스트레스에 대한 생리적인 반응임에도 불구하고 침묵을 불안이나 반항의 표시로 여기는 경우가 일상다반사이다.

또한 과도한 불안 상태는 브로카 영역에 새로운 정보를 저장하거나 시의적절한 단어를 산출하는 일을 어렵게 만든다. 이러한 사실은 트라우마 병력이 있는 아이들에게 전통적인 수업 형태보다 다중 감각을 적용하는 수업이 더 효과적인 이유를 설명해준다. 다중감각을 적용하면 스트레스에 덜 취약한 뇌 영역에서 정보의 저장 및 검색이 이루어질 수 있기 때문이다.

한편, 베르니케 영역의 신경 세포들은 듣고 있는 말 속에 함축된 정서적 의미를 해석하는 역할을 한다. 상측두회에 위치한 이 영역은 말하는 사람의 얼굴에 드러나는 신호를 해석하는데, 이 기능은 아이가 양육자의 목소리의 선율, 억양, 운율 등에 동조하는 과정을 통해 언어 능력보다 먼저 발달한다(Bogolepova & Malofeeva, 2001). 이 능력은 아이가 미래에 겪을 의사소통의 비언어적인 측면들을 해석하게 해주는 기반이 된다. 말하는 사람의 기분을 읽어내는 척도가 되어 혹시 일어날지 모르는 잠재적인 위험에 대한 경고를 아이에게 전해주는 것이다.
   이 암시적 기억들은 아동이 자신의 귀에 들리고 있는 것에 집중하고 전달된 정보에 입각하여 행동하는 능력에 상당한 영향력을 발휘한다. 어릴 적 트라우마 병력이 있는 아동은 상대가 말하고 있는 내용을 쉽게 놓치는데, 이는 이런 아이들이 위험을 탐지하기 위해 무의식중에 말하는 사람의 표정이나 목소리 톤의 미묘한 변화에 주의를 기울이기 때문이다. 또한 이들은 어른이나 또래 친구와의 비언어적 의사소통에서 부정적인 오귀인(誤歸因, misattribution, 중립적인 정보로부터 잘못된 원인을 도출해내는 현상을 의미하는 심리학 용어.-편주)을 저지르는 경향이 강하다(Rude, Wenglaff, Gibbs, Vane, & Whitney, 2002). 이러한 오귀인 때문에 학대받은 아이들은 언어를 통해 정보 교환을 한다거나 사회적 상황을 바르게 해석하고 자신의 행동을 그에 맞게 조정하는 일이 더욱 어려워진다.

언어와 대인관계

대인관계를 형성하고 지속하는 데 필요한 의사소통을 위해서는 좌우 반구에 있는 언어중추들을 종합적으로 사용할 필요가 있다(그림 4. 2 참조).

정상적인 발달 과정에서, 좌우 뇌를 연결하는 두꺼운 신경섬유 다발인 뇌들보Corpus Callosum를 통해 이루어지는 상시적인 정보 교환으로 인해 언어와 감정은 통합될 수 있게 된다. 좌뇌와 우뇌가 잘 연결되면 될수록 아이가 자아 성찰과 고차원적 사고를 행하는 데 필요한 쌍무적 일관성bilateral coherence을 습득할 가능성이 커진다.

그러나 트라우마는 여러 방식으로 이 과정을 방해한다. 예를 들어, 학대를 받은 아이들은 다른 또래들에 비해 뇌들보의 용량이 작다는 것이 밝혀졌다(D'Andrea, Ford, Stolbach, Spinazzola, & van der Kolk, 2012; Teicher, Dumont, Ito, Vaituzis, Giedd, & Andersen, 2004). 이런 아이들은 의사소통의 언어적 측면과 비언어적 측면을 통합하는 데 애를 먹으며, 이로 인해 대화에 적극적으로 참여하기가 어려워진다. 또한 타인의 몸짓이나 표정을 잘못 해석하여 타인이 보내는 호의적인 피드백에 나쁜 의도를 부여하곤 한다. 이러한 이유로 트라우마를 겪은 아이들에게 있어 스스로 이야기를 꺼내기란 지극히 어려운 일이며, 결과적으로 자신의 주관적인 경험을 타인과 나누는 능력 자체가 저하되게된다.

트라우마 유발 요인이 우뇌에서 기억을 재생하는 동시에 좌뇌의 실행 기능을 마비시키기 때문에 좌우 뇌의 통합은 더욱 위태로워지며, 아동으로 하여금 자신의 경험을 순차적으로 조직화하거나 변화무쌍한 감정과 감각을 언어로 바꾸는 일에 어려움을 겪게 만든다(van der

트라우마 공감학교

Kolk, 2014). 뿐만 아니라 자신의 행동의 결과를 온전히 이해하고 미래에 대한 일관된 계획을 짜는 능력 또한 제한을 받게 된다. 결과적으로, 이런 아이들은 또래 아이들로부터 우정을 쌓고 지속하기 위한 사회적 규칙조차 알지 못하는 종잡을 수 없는 존재라고 여겨지며, 융통성 있고 협조적인 의사소통을 할 능력이 없다고 인식되기 때문에 또래들로부터 격리되거나 거부당하게 된다.

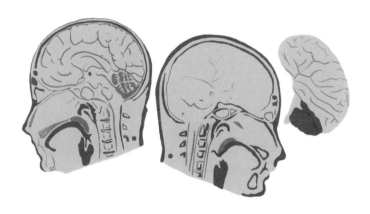

그림 4.2 대뇌 반구와 뇌들보

트라우마가 아동의 주의력, 기억력, 집행 기능에 미치는 영향

주의력, 기억력, 집행 기능executive function(자신의 행동을 제어하고 조절하기 위한 모든 기능.-편주)은 학습 과정에 매우 중요한 역할을 하는 복잡한 신경네트워크 속에 뒤섞여 있다. 유년기의 트라우마는 주의력과 기억력 집행 기능 등에 전반적인 결손을 불러일으키는 연쇄적 효과를 갖고 있다.

주의력

뇌의 발달은 그 용도와 사용 빈도에 따라 일어나므로 아동의 어릴 적 환경에 크게 좌우된다. 양육자와의 상호 작용은 뇌가 특정한 상황을 예측하게 만듦으로써 그에 대비한 신경 경로, 시냅스들을 미리 형성하게 만든다(그림 4.3 참조).

빈번한 자극은 이런 신경 경로를 강화하여 무의식적인 반응을 유도하는데, 이때 방치되는 경로들은 결국 버려진다. 시냅스들을 형성, 강화 그리고 폐기하는 일련의 작업 과정은 뇌가 주변의 독특한 환경에 적응할 수 있게 해준다.

뇌가 사용 의존적 특성을 가진다는 점과 뇌의 발달이 타인과 관계를 맺는 과정에서 일어난다는 사실은 아이의 주의력을 익숙한 경험이나 관계 쪽으로 편향되게 만든다. 따라서 안정적인 애착 관계가 아이의 안전을 보장해주는 상황에서 주변의 환경을 탐색할 수 있는 기회가 생겨야만 아이는 자극을 얻는 활동에 주의를 기울이고 주위 사람들에 관심도 가질 수 있다.

만성적인 스트레스나 트라우마를 겪은 아동은 자신에게 위협적이거나 위험한 상황에 민감하게 반응하는 경향을 보인다. 탐구심이나 지적 호기심을 수용하는 신경 경로를 발달시키는 것이 아주 불가능한 것은 아니지만, 대개의 경우 일상적인 체험에 의해 왜곡된다. 이런 아이들의 주의력은 생존에 편향되어 있으며, 이는 교실 안에서도 마찬가지이다. 이런 아이들은 교실 활동에 필요한 생소한, 또는 위험 부담이 따르는 행동에 도전하는 의지에 제한을 받기 때문에, 적극적으로 참여하기가 쉽지 않다.

트라우마를 겪은 아이들에게서 흔히 보이는 경계 과잉이나 생존 편향 등의 증상은 아이들의 위기 감지력을 과도하게 예민하게 만들어 좌뇌의 활동을 억제하곤 하는데, 이는 반사적으로 싸움, 회피, 숨기 등의 상태로 아이의 사고를 퇴행시켜 주의를 딴 데로 돌리게 하는 결과를 낳는다. 결국 이런 아이들은 교실 환경에서 집중을 하기가 어려워진다. 교실 활동에는 순차적이고 논리적인 사고와 집중력이 필수적으로 요구되기 때문이다. 또한 이런 아이들은 자주 타인의 비언어적 행동에 주목하곤 하는데, 이때 상대의 태도가 중립적이더라도 부정적으로 받아들이거나 거부 반응으로 해석하는 경향이 있다.

역경 속에 살아가는 아동은 또래 아이들에 비해 불안을 심하게 느끼곤 한다. 가족에 대한 걱정이나 주거 문제, 식량 부족 또는 아이들의 대처 능력을 넘어서는 여타 책임들에 대한 염려 등이 원인이 되는 경우도 많다. 또한 급격한 환경 변화에 소스라치게 놀라며 과잉 반응을 하는 경우도 있으며, 제의적 행동을 통해 불안을 억누르고 자기위로를 하려 들 정도로 엄청난 불안에 시달리는 아동도 있다. 어느 경우가 되었건 불안은 마음을 심란케 하는 것이어서 아이의 집중력과 주의력을 저해할 수밖에 없다. 이는 학습 내용에 대한 이해력은 물론, 또래 친구들과 함께 노는 데 대한 관심에도 부정적인 영향을 끼친다.

기억력

기억력은 아동의 발달을 위한 구조적 기틀에 해당한다(David & Logie, 1993). 암묵적 기억은 유아기에 형성되며 그 대부분 비언어적인데, 이런 기억에는 무의식적 행동의 디딤돌이 되는 반사적 행동과 조건 반응이 포함된다. 어릴 적 애착 경험에 대한 불분명한 감정 또한 암묵적 기억으로 무의식 안에 저장된다. 이 기억들은 관계 형성과 행동에 강력한 영향력을 행사한다. 암묵적 기억은 자기인식과 거의 정확히 맞추어져 있기 때문에 이 기억을 "자신 이외의 존재로부터 기인한 것"(Cozolino, 2013, p.227)으로 인식하는 경우는 좀처럼 없다.

어릴 적 애착 관계가 학대나 방치에 의해 훼손된 아동은 거부, 공포, 자기혐오 같은 암묵적 기억을 가질 공산이 큰데, 이런 기억으로 인하여 교사나 또래 친구들과 긍정적 관계를 형성하는 능력이 제한된다. 무의식적인 기억들이 서투른 조절 관리regulatory control 능력과 결합되면 제어하거나 설명하기가 쉽지 않은 공격적이고 자기파괴적인 행동을 낳을 수 있다. 상황이 이대로 방치되면 무의식적 기억들은 학업 및 사회적 관계의 숙달을 이루기 위한 아이의 능력에 실질적인 위협을 가하게 된다.

외현 기억explicit memory은 아동이 두 살쯤 되었을 때 나타나는데(Siegler, 1998), 이 기억은 언어를 기반으로 하며 의식적으로 회상하는 것이 가능하다. 반면 일화 기억episodic memory은 기본적으로 자전적 성격을 가지는 기억으로, 누군가의 삶에서 중요한 것이 무엇인지를 시사하는 단서가 된다. 다른 기억들에 비해 개개인과의 관련성이 덜한 의미 기억 semantic memory 은 떠올릴 수 있는 모든 지식을 의미한다. 이러한 기억들이 합쳐져야 의도적인 회상을 통해 개인의 내적 외적 세계에 대한 접근이 가능해진다.

외현 기억은 새로운 정보나 경험에 대한 톱다운 방식 top-down process 의 개념적 처리에 의존한다. 외현 기억의 형성은 언제나 새로운 데이터를 그와 관련이 있는 듯 보이는 정보와 함께 재구성하여 저장하는 인식 시스템에 의존한다. 이를 위해서는 선행 지식뿐만 아니라 새로운 경험을 사용하거나 능숙하게 조작할 수 있는 다각적인 기회가 필요하다.

집행 기능

전전두엽 피질은 생각, 감정, 행동을 의식적으로 조절하는 일을 담당하는 영역에 해당한다(그림 4.4 참조).

이곳은 서서히 발달하며, 최종적으로는 지식을 행위로 실천함으로써 하부 뇌 전체를 지배할 수 있는 능력을 갖추게 된다. 뇌의 CEO로 비유되기도 하는 전전두엽 피질은 생각과 발상을 조직하고, 계획을 세우며, 전략을 짜고, 자신의 행동을 검토하는 등 뇌를 유익하게 사용하는 법을 학습하는 일을 담당한다. 전전두엽 피질은 주로 억제 조절, 작업 기억, 인지 유연성 등의 집행 기능을 통해 이러한 역할을 수행하는데, 이때 유전자가 집행 기능의 형성을 위한 설계도를 제공하기는 하지만 이러한 역량이 얼마나 발달하는가는 아동의 어릴 적 주변 환경 및 관계에 달려 있다. 학업 성취도 관련 자질이 발현될 수 있도록 북

돈는 환경에 노출되는 경우가 단순히 지능만 높은 경우보다 성공할 확률이 높은 것이다.

뇌 기능

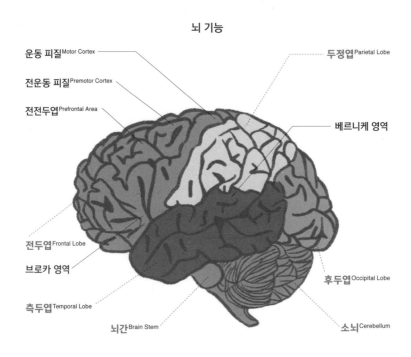

운동 피질Motor Cortex
전운동 피질Premotor Cortex
전전두엽Prefrontal Area
두정엽Parietal Lobe
베르니케 영역
전두엽Frontal Lobe
브로카 영역
측두엽Temporal Lobe
뇌간Brain Stem
후두엽Occipital Lobe
소뇌Cerebellum

그림 4.4 전전두엽 피질

억제 조절: 억제 조절은 목표 지향적 행동의 두 가지 중요한 측면, 즉 만족의 지연 및 집중 방해 견디기와 주로 관련되어 있다. 만족 지연의 잘 알려진 예시로는 유명한 '마시멜로 테스트'가 있다. 4세 아동들에게 마시멜로 2개를 주고 실험자가 방으로 돌아올 때까지 기다린 뒤 먹으라고 이야기한다. 아이들은 언제든지 버튼을 눌러 기다리는 시간을

트라우마 공감학교

줄일 수는 있지만, 그럴 경우 보상은 반으로 줄어들어 1개의 마시멜로만 받게 된다(Mischel, Ebbesen, & Raskoff Zeiss, 1972). 이 실험은 원하는 목표를 달성하기 위해 자신의 충동을 통제하는 능력을 측정한다. 결과적으로 기다림을 견딜 수 있었던 아이들이 다른 또래 아이들에 비해 학교에서 성공을 거둔 것으로 밝혀졌다.

집중 방해 견디기는 관련이 없는 정보에 관심을 돌리게 만드는 방해물을 무시하거나 견뎌냄으로써 소망하는 목표물에 집중을 유지하는 능력에 해당한다. 집중 방해 견디기는 비슷한 과제를 과거에 수행해본 적이 있는 아이들뿐만 아니라 분별력이나 한 곳을 주시하는 능력이 뛰어난 아이들이 더 손쉽게 취득할 수 있다. 이러한 자기 규제의 두 가지 측면은 어린 시절의 수학이나 읽기 능력과 큰 관련성을 보인다(Blair & Razza, 2007).

작업 기억: 작업 기억은 뇌의 피질, 해마 그리고 해마 주변 영역으로 구성된 신경 회로에서 일어나며, 새로운 것을 학습할 때 떠올리는 대상이다. 새로운 정보가 입력되면 작업 기억에 의해 잠시 저장되었다가 처리 과정을 거쳐 최종적으로 장기 기억으로 저장되는데, 이 때 뇌의 피질은 기억해야 할 것을 선별하고, 해마와 해마 주변 영역은 정보를 전기 신호로 바꾸며, 그런 다음 관련된 장기 기억들을 검색하여 연관된 기억들 안에 새로이 얻은 정보를 일제히 통합해 넣는다(Lovallo, 2005). 이와 같이 뇌는 새로운 데이터를 기존의 지식에 심어 넣는 작업을 통해 특정한 주제에 대한 이해도를 점점 확장할 수 있다.

어릴 적 트라우마를 겪은 아동에게서 특징적으로 나타나는 해마 용량의 감소 현상은 이런 아이들이 작업 기억을 진행할 때 어려움을 겪는 이유를 일정 부분 해명해준다(Teicher, Anderson, & Polcari, 2012).

이들은 적절한 자극이나 새로운 정보를 기존의 도식 안에 통합하는 과정을 또래들보다 훨씬 힘들어하는데, 다른 또래 아이들이 무의식적으로 구사할 수 있는 기본적인 기술들을 의식적으로 생각해가며 진행해야 하므로 작업 기억 역량이 더욱 감소하기 때문이다.

인지 유연성: 인지 유연성은 문제의 창의적 해결을 용이하게 하는 집행 기능에 해당한다. 인지 유연성은 아이가 여러 가지 관점에서 문제에 접근할 수 있게 해주고, 확산적 사고력과 고정관념을 허무는 능력이 생겨나도록 도우며, 학습자로 하여금 목표에 도달하고 착수한 일을 완수해내기 위한 새롭고 더 나은 방법을 끊임없이 모색할 수 있게 해준다. 이것은 학습자를 독려하여 목표에 도달하고 착수한 일을 이루어내는 새롭고 더 나은 방법을 끊임없이 모색하도록 한다.

어릴 적 트라우마 병력이 있는 아동에게는 모든 집행 기능이 다 어렵지만, 인지 유연성은 그들에게 있어 특히 힘든 부분이다. 트라우마가 아동에게 부과하는 제한 가운데 가장 본질적인 것이 사고방식, 그중에서도 자기 자신을 비롯해 자기를 도우려 애쓰는 어른들에 대하여 생각하는 방식을 바꾼다는 것이다. 자기혐오와 불신의 골이 깊게 패여 있어 거기에 걸려 넘어지며, 줄기차게 과거를 되새김질하기 때문에 과거를 뛰어넘어 앞으로 나아가는 능력이 제한된다. 어른들과 주고받는 트라우마적 상호작용의 강박적인 반복은 새로운 기회를 붙잡는 데 쓸 에너지를 고갈시키며, 이따금씩 불쑥 되살아나는 트라우마적 사건의 기억은 아이들로 하여금 새로운 일에 도전하는 대신 생존에 집중하는 태도에 머물게 만든다.

교육개혁에 미치는 영향

어릴 적 트라우마가 아동의 학습 의욕에 미치는 영향이 전면적 침투의 특성을 가진다는 사실은 아동의 학업적, 사회적 행동을 트라우마에 민감한 렌즈를 통해서 볼 필요성을 더욱 강조한다. 이러한 관점을 학교 개혁을 위한 노력에 통합할 수 있다면 기존의 개입으로는 성과를 볼 수 없었던 아이들이 안고 있는 학습상의 문제들이 개선되지 않고 있는 이유를 설명할 수 있을 것이다.

트라우마를 겪은 많은 아이들이 경험하는 감정 조절 장애와 주체의식의 결핍을 해결하려면, 관리자와 교사들 쪽에서 먼저 학생들의 자기인식과 고차원적 사고를 길러내기 위해 적극적으로 헌신할 필요가 있다. 이러한 경험들이 반복되면 아이는 자신의 사고와 행동을 통제하는 능력을 습득할 수 있게 될 것이다.

결론

어릴 적 트라우마는 아동의 표상적 사고력, 언어 능력, 기억력, 주의력, 집행 기능 등 인지 발달의 모든 측면에 영향을 미친다. 그 결과 고난을 겪었던 아이들은 학업 및 사회관계에 대한 학교의 요구에 부응하는 데 매우 불리하게 된다. 이를 인식하고 있는 트라우마 공감학교의 스태프들은 아동의 기초 능력을 발달시켜주기 위한 활동을 일상에 통합한다. 안심시키는 말이나 행동을 자주 해준다거나, 규칙적인 하루하루를 보낼 수 있게 도와주는 등 아이들의 생존 편향을 극복하게 해주기 위한 노력 또한 아끼지 않는다. 이러한 노력들이 쌓이면 아이들이 자신의 주의 통제력을 회복할 수 있으며, 궁극적으로는 집행 기능을 위한 역량 자체를 늘려준다.

관리자가 할 수 있는 일

1. 아동과 관계를 맺을 때 학교 공동체에 대한 그들 고유의 공헌을 환기시켜줄 수 있는 관계가 되도록 힘쓴다.

2. 학교 전체 차원의 토론회와 단기명單記名 선거운동을 개최하여 아동으로 하여금 학교 전체의 관심사가 될 수 있는 주제에 대한 여러 가지 관점들과 학교 전체가 안고 있는 문제들에 대한 해결책들을 만들어내는 법을 학습하도록 돕는다.

3. 부모와 교사가 아동을 대할 때 가져야 할 공감적 태도를 스스로 그들에게 실천하도록 한다.

4. 자신의 잘못된 행동이 타인에게 끼치는 피해를 복구하려고 노력하는 아이를 지원해주는 훈육 방침을 명문화한다.

5. 매주 두 차례의 짧은 집회를 연다. 월요일에는 다가오는 행사와 필요한 준비를 검토한다. 학생 자원봉사자를 요청한다. 금요일에는 주중에 일어난 일을 개략적으로 정리하고 명백한 성공의 사례와 개선할 점들을 짚는다. 공개적으로 학생 참가자들에게 감사의 뜻을 전한다. 이런식의 목표 설정과 공개적 감사 표명은 아동의 행위주체 의식과 집행 기능 작동을 강화한다.

6. 교사들에게 학습을 위해 뇌 전반에 대한 접근을 독려하는 전략들에 초점을 맞춘 전문 연수를 제공한다. 또한 모든 수업에 다중감각 활동을 포함시킬 것을 권장한다. 에릭 젠센(Eric Jensen, 2013)과 마릴리 스프렝거(Marilee Sprenger, 2013)는 창의적인 뇌 기반 전략을 찾기 위한 좋은 자료다.

7. 아동들과 함께 한 해의 일정표를 만든다. 이를 학교 본관 복도에 게시하고, 매주 그 주의 주요 사건들을 묘사하는 사진과 문구를 넣어 최신 상태를 유지한다.

8. 아동이 자신의 행동의 유익한 결과를 알아차릴 수 있도록 도울 기회를 찾아낸다. 사진과 대본화된 언어를 사용하여 관계를 강조한다. 이것은 아이들로 하여금 안전하고 긍정적인 상호작용의 테두리를 넘지 않는 범위에서 자신의 행동의 인과성에 대해 제대로 이해할 수 있도록 하기 위함이다.

9. 학교 환경이 아이들과 스태프들에게 있어 배우고 성장하는 데 필요한 신체적, 정서적, 사회적 안전을 제공하고 있는지 세밀하게 검토한다. 안전 검사를 실시하여 안전하지 못한 관행들이 남몰래 자행되는 일이 없도록 한다.

10. 학교 활동 및 일상을 매일 영상에 담아 복도와 식당에서 재생하여 공동체 의식과 긍정적 애교심을 조성한다.

11. 아동과 협력하여 학교 차원의 목표들을 정한다. 목표 지향적 행동들을 모델화한다. 지역신문, 학교 웹사이트, 학부모 소식지를 통해 목표 달성을 홍보한다.

12. 자신만의 '혁신 국가'를 만든다(http://www.thehenryford.org/innovationnation). 서로 경쟁하는 학생 팀들을 조직하여 그들 또래의 아이들이 직면한 오래된 문제들에 대한 새로운 해결책들을 찾도록 한다.

교사가 할 수 있는 일

1. 흉내 내기와 무언극을 활용하여 몸짓 언어 및 그것이 전달하는 의미에 대한 아동의 관심 발달을 돕는다.

2. 아이들을 글쓰기 활동에 참여하도록 하여 여러 가지 결말을 써보고 다양한 시점에서 글에 대한 논의를 전개하도록 독려한다.

3. 아동의 문제에 접근할 때 해결책을 찾으려는 아이들의 노력을 흔쾌히 지원하고 공감하는 태도로 임한다.

4. 아동으로 하여금 자신이 타인의 감정이나 평판에 입히는 모든 피해를 바로잡을 수 있도록 돕는다. 또한 아이들 앞에서 보일 수도 있는 실수를 곧바로 만회할 수 있도록 솔선수범해야 한다.

5. 관계 형성 활동을 교실 일과에 통합한다.

6. 아동을 목적의식이 있는 대화에 끌어들여 자신의 관심사와 미래 계획을 탐색하도록 독려한다.

7. 일관된 신호와 익숙한 구성 방식을 사용하여 아동이 수업 내용이나 정보 교환에 주의를 집중하도록 돕는다. 가령 마법 봉이나 확성기 같은 소도구를 사용하여 이제 중요한 내용이 나올 때이니 집중해야 함을 알리는 방법이 있다. 연령대에 따라 정보를 정리해두었다가(아이들의 나이한 살 당 1분 정도의 길이로) 즉석에서 실천해볼 수 있는 후속 활동과 함께 제시해주는 것도 좋다.

8. 아동에게 대본, 대화 유도 질문, 역할놀이 같은 기초 지원을 제공하여 언어를 통해 또래들과 관계를 맺는 역량을 길러준다.

9. 아이들의 신경경로를 발달시키고 강화할 수 있도록 다양한 감각 양상을 사용하여 같은 내용이라도 다양하게 발표할 수 있도록 수업을 설계한다.

10. 의례절차와 규칙적인 일상을 통해 교실 안에 익숙한 느낌을 만들어 준다.

11. 아이들이 새로운 정보를 곧바로 활용해봄으로써 더 쉽게 기억할 수 있게 해주는 수업을 설계한다.

12. 학생들에게 계산기와 맞춤법 검사 같은 편의를 제공하여 자동성 결손을 보충해주고, 고차원적 사고에 사용할 수 있는 작업 기억 역량을 더 많이 확보하게 한다.

5장
트라우마 공감학교의 교사
상처받은 아이들을 위한 새로운 수업과 활동 디자인

돌봄을 주는 교사의 치료 효과를 결코 과소평가해서는 안 된다.
-브루스 페리Bruce Perry & 크리스틴 루디-돕슨Christine Ludy-Dobson

　　　　트라우마 공감학교에서 교사의 역할이란 지금까지 논한 아동의 신경 발달에 관한 모든 지식을 수업에 통합하여 아이들로 하여금 트라우마를 극복할 수 있게끔 돕는 것이다. 이때 특히 중요한 것이 교수법의 설계, 아이의 자기조절 능력을 지원해주는 단계적 시스템의 구현, 그리고 자기파괴적인 행동을 피하고 타당한 선택을 할 때 필요한 가르침을 줄 수 있는 아이들과의 협력적인 파트너십의 구축 등이다. 트라우마에 세심한 접근을 할 때 교사가 반드시 트라우마를 언급해야 할 필요는 없다. 단, 교사는 아이들을 강압적이지 않은 방식을 통해 참여시켜야 하는데, 위협 또는 권위주의적인 명령 따위는 트라우마를 가진 아동으로부터 투쟁이나 회피, 경직과 같은 반응을 촉발하여 학습 능력을 제한하기 십상이기 때문이다.

　　　　이 장에서는 트라우마 병력이 있는 아이들에게 특히 유효한 두 가지 교수법에 대한 심도 깊은 논의가 이루어질 것이다. 두 방식 모두 상시적인 형성평가를 특히 중시하는데, 이는 어릴 적 트라우마를 겪는 과정에서 결핍되는 자기인식을 노력을 통해 회복할 수 있도록 돕기 때문이다. 트라우마 공감학교에 적합한 단계적 개입 모델을 비롯해 교사와 학생 간의 공동 파트너십이 가져오는 이점도 서술할 것이며, 이런 파트너십을 통해 스트레스를 완화하고, 트라우마의 재현을 예방하며, 행위주체의식personal agency의 발달을 돕는 전략들을 제공할 것이다.

트라우마에 세심한 교수법 설계

트라우마 공감학교의 수업 설계에는 아동의 신경 발달에 관한 최신 연구가 활용된다. 상시적인 형성평가는 교사들이 아이들의 요구나 기호에 즉각적으로 대응할 수 있게 하여 교수법을 차별화할 수 있다. 또한 교사들은 고차원적 사고 및 집행 기능을 위한 아이의 능력을 최적화할 수 있도록 뇌의 가소성을 활용한다.

신경 발달과 최선의 교수법

자기공명영상법(MRI)은 아동의 인지를 체계화하는 신경 프로세스를 들여다볼 수 있는 중요한 관점을 제공한다. 또한 이 데이터는 교사들로 하여금 아동의 발달을 강화하는 교실 환경을 개발하고 지속시키기 위해 뇌의 가소성 또는 적응성을 활용할 수 있도록 기틀을 마련해준다. 수업의 질을 끌어올리기 위한 이런 방안들을 실행에 옮기려면 우선 교사들이 긍정적인 관계를 구축하고 나아가 학습 환경의 물리적 측면과 정서적 분위기를 형성할 수 있어야 한다.

아동이 겪은 애착 실패의 경험들로 인한 영향을 반전시킬 기회를 교사들이 제공해줄 수 있다는 데는 의문의 여지가 없다. 그러나 이 역할에 성공하려면 교사들이 애착의 과정이 어떻게 진행되는지에 대해 충분히 알아야 하고, 파괴적이거나 적대적인 행동을 야기하는 감정들을 이해할 수 있어야 한다. 이러한 역량을 갖춘 교사들은 아이들과 호흡을 맞추어 아이들이 자신의 감정과 행동을 조절하는 데 필요한 제어력을 획득하게끔 도와줄 수 있다.

트라우마를 겪은 아이들에게 있어 가장 이상적인 교사는 아이들이 탐구와 학습을 실천할 수 있도록 안심감과 안전을 보장해주는 존재가 되어주는 교사이다. 이러한 유대감을 확고히 하려면 지지와 기회 간 균형이 잘 잡힌 관계를 형성해야 하는데, 일단 아이들에게 큰 기대를 걸고 있음을 보여준 다음 아이들이 확실히 성공할 수 있도록 기초적인 지원을 해주어 성공의 경험을 통해 자존감을 회복하도록 도와야 한다. 이때 중요한 것이 수용과 돌봄을 반복적으로 체감하게 해줌으로써 행복감과 자신감을 길러주어야 한다는 점이다(Green, 2014). 충분한 지지를 받을 때 아이는 장애물을 극복하고 마주한 어려움을 적절하게 견뎌내는 방법을 배운다.

아이가 학업적 성공을 경험하기 시작하면 교사들은 자신의 역할이 뇌 개발자brain builder라는 것을 인식해야 한다. 신경 가소성을 활용하여 아동의 잠재력을 최대한 끌어낼 수 있도록 도우려면, 아이에게 습득시키려는 고차원적 사고 기술에 대한 목표치를 명확히 세워야 한다. 그러고 난 뒤에는 아이들이 적절한 수준의 신경 발달적 요구에 노출될 수 있는 수업 활동을 설계해야 한다.

교수법에 관한 이 신경 발달 모델은 교사의 역할에 있어서 두 가지 중요한 변화를 나타낸다. 첫 번째는 상시적 평가의 초점을 확장하여 신경 발달상의 목표들을 이루기 위한 특정 활동에 대한 평가를 포함하도록 하는 것이고, 두 번째는 아이들이 청각, 시각, 운동신경과 같은 다양한 프로세싱 기술을 사용하여 기대를 충족시킬 수 있도록 교수법을 차별화하는 점이다.

아이는 안전하고 편안한 환경하에 있을 때 고차원적 사고와 인지 조절 능력을 형성할 수 있다. 외부의 위협으로부터 보호받을 수 있을 때 비로소 호기심이 싹트는 것이다. 이러한 맥락에서 볼 때, 교사의 역할은 질적인 변화를 일어나게 하는 것이다. 아동으로 하여금 선행하는 지식들을 새롭게 짜맞출 수 있도록 도움으로써 아이들의 수상돌기를 발달시켜야 하는 것이다(그림 5.1 참조).

배우고 있는 것을 실천하게 하는 교수법을 사용할 때 특히 아이들의 신경 네트워크가 강화되는데, 배운 것을 친구들과 토의하게 하거나 간단한 활동을 완수해보게 하는 것, 상징적인 그림으로 그려보게 하는 것 등이 좋은 예라 할 수 있다. TPS(Think-Pair-Share, 생각하기-짝과 토론하기-발표하기)나 PPT를 사용한 발표, 의견 교환 노트필기 등은 즉각적인 강화 효과를 볼 수 있는 친숙한 전략이다. 이러한 활동은 새로운 정보를 기존의 신경구조에 접합시켜 장기 기억 용량을 늘려준다.

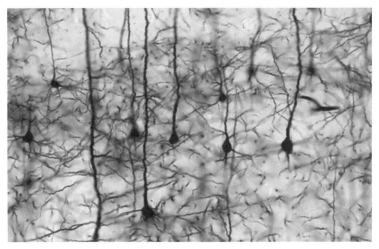

그림 5.1 수상돌기

개별화 수업

트라우마 공감학교는 보편적 학습 설계universal design for learning(UDL)의 원칙들을 사용하여 수업을 차별화한다. 장애를 가진 아이들에게 동등한 기회를 보장하기 위해 처음 개발된 이 원칙들은 각 아이들이 요구하는 지원을 충족시키기 위해 개개인에 맞추어 조정할 수 있도록 충분히 유연한 방식으로 수업을 설계할 것을 강조한다. 특히 학습과 관련된 세 가지 주요한 신경 네트워크를 고려할 것을 강조하는데, 인지 네트워크(무엇을 학습하는가)와 전략 네트워크(어떻게 학습하는가) 그리고 정서적 네트워크(왜 학습하는가)가 그것이다(CAST, 2011). 학습 차이란 어느 집단에든 존재하는 것이기에, 각각의 네트워크에 접근하는 다방면의 경로들이 있을 수 있다는 것을 전제로 수업 설계가 이루어져야 한다.

인지 네트워크: 인지 네트워크는 아이들이 정보를 모으고 분류하는 장치들로 구성된다. 동일한 정보 또는 의미가 같은 내용이 다양한 감 각양상을 통해 입력될 때 아이들은 그중 가장 익숙한 쪽을 선택하는 경향이 있다. 이를 통해서 아동이 패턴을 인식하고 새로운 정보를 효율적으로 범주화하는 속도가 높아진다.

어릴 적 트라우마를 겪은 아이라면 누구나 다양한 감각 양상을 통해 의사를 표현하고자 하는 욕구가 있고, 또 이런 아이들은 언어 처리 과정에서 그들만의 독특한 특성을 보이기 때문에 교사 쪽에서 여기에 맞춰줄 필요가 있다. 언어가 가지는 관계적 측면들에 집중한다는 점은 이러한 독특한 특성 가운데 하나이다. 트라우마를 겪은 아이들은 종종 중요한 정보나 말하는 내용을 놓치곤 하는데, 이는 그런 아이들이 교사가 말하고 있는 내용보다 교사의 얼굴 표정이나 신체언어에 더 주의를 쏟기 때문이다. 이 아이들은 자발적인 발화를 하는 데 어려움을 겪으며, 단도직입적인 질문을 받을 경우 대답하는 데 애를 먹는다. 교사들은 트라우마의 이런 효과들에 대해 인식하고, 무엇을 가르칠지를 차별화하려 할 때 이러한 독특한 학습 특성들을 감안한 조정 내용을 포함시킬 수 있어야 한다.

전략 네트워크: 전략 네트워크는 아이가 어떻게 과제를 계획하고 수행하는가 그리고 어떻게 생각을 체계화하고 표현하는가에 관련된다. 전략 네트워크는 아동의 집행 기능의 질과 직결되어 있다. 이 네트워크는 어릴 적 트라우마가 있는 아이들에게 있어 특히 심각하게 손상을 입은 신경 발달 영역으로, 만성적인 과다 흥분 상태가 집중력뿐만 아니라 작업 기억까지 저해하기 때문이다. 이런 아이들이 보이는 학습 스타일의 주된 특징은 계획을 짜거나 자기성찰을 하는 대신 충동

적인 시행착오를 범한다는 점이다. 이들은 "먼저 행동한 다음에 생각하고"(van der Kolk, 2001), 새롭거나 도전적인 과제에 마주했을 때 쉽게 포기해버린다.

이와 같은 아이들에게는 교사가 수업 중에 아이들을 위한 적절한 발판을 만들어줌으로써 전략적 사고력을 향상시켜줄 수 있다. 이러한 기초적 지원은 계산이나 타이핑 작업과 같은 활동으로 낭비되는 작업 기억을 줄여주고, 아울러 목표의 설정이나 자기관찰과 같은 고도의 집행 기능을 사용할 수 있도록 도와준다.

간단한 기술들을 관리하도록 해주기 위한 기초적 지원에는 학생들이 보다 고차원적인 사고 활동에 참여하는 데 필요한 기본 정보에 쉽게 접근할 수 있도록 조정해주는 작업 또한 포함된다. 단어장이나 숫자를 써놓은 직선, 계산기나 예측 소프트웨어와 같은 도구들은 보다 복잡한 문제를 해결하는 데 사용할 수 있는 작업 기억의 용량을 늘려준다.

아이들의 집행 기능을 고도로 발달시키기 위해서는 교사와 학생 간의 긴밀한 협력 관계와 명시적인 지시가 필요하다. 아이에게 목표를 설정하는 법을 가르치려면 먼저 기본적인 개념을 이해할 수 있는 능력을 형성시켜주어야 하지만, 초기 트라우마나 애착 실패 등의 경험은 아이들이 사건의 순서 확인이나 예측, 평가 그리고 시간 개념을 이해하는 것을 방해한다. 트라우마를 겪은 아이들은 자신의 경험을 무작위적이고 통제가 불가능하며 과거의 경험과는 무관한 것이라고 인식하므로 노력과 결과물의 관계를 이해할 수 있도록 도와주어야 한다. 이런 아이들은 단절된 순간 속에서 살고 있으며, 자신에게 일어날 일을 스스로 통제할 수 있다는 사실을 상상하는 것조차 힘들어한다.

아동에게 제공하는 기초 지원이 상당한 유용성을 가지려면 목표를 설정하는 행동에 대해 교사가 명확한 기준을 제시해주는 것은 물론, 학생들과 협력하여 아이들로 하여금 각자의 목표를 달성하기 위한 계획을 스스로 짜도록 만들어주고 명시적인 피드백을 통해 유익한 정보를 제때 제공하며, 아이들이 자신이 하고 있는 작업의 진전도와 실적에 대해 숙고해볼 기회를 주어야 한다. 이러한 기초적 지원들을 일관적으로 구현함으로써 전전두엽 피질을 강화시켜 아이들이 집행 기능을 더욱 효과적이고 자동적으로 사용할 수 있게 해준다.

정서 네트워크: 정서적 네트워크는 아동의 주목과 흥미를 높이며 노력을 지속시키는 방법을 이해하는 것과 관련이 있다. 정서적 네트워크의 발달은 교사가 아이들과 함께 논의해서 흥미로우면서도 아이들이 지속적으로 주목하고 노력할 수 있게 만드는 수업을 설계하려 할 때 진행된다. 수업의 결과뿐만 아니라 목적이나 과정까지 대상으로 하는 상시적 형성평가는 교사와 학생 모두가 발언권을 가지는 역동적 피드백 회로를 만들어낸다. 따라서 획일적인 교안을 활력 없이 반복하는 대신 한 명의 교사와 한 학생집단만의 고유한 경험들을 반영할 수 있는 교안을 짜야 한다.

교사들과의 이런 긴밀한 협력 구조는 어릴 적 트라우마 병력이 있는 아이들이 학습을 해내는 데 도움을 줄 수 있다. 어쩌면 교사는 이 아이들이 처음으로 만나는 '자신에게 관심을 갖는 어른', '자신을 위해 기꺼이 바뀌려는 의사를 보여주는 어른'일지도 모른다.

이러한 유대감은 교사로 하여금 트라우마를 겪은 아이들을 도울 수 있는 특별한 위치에 서게 해주며, 아이가 가진 절망감을 미래에 대한 낙관적인 시선으로 대체할 수 있도록 도와준다. 이러한 관점의 변화는 교사가 아이들에게 자신은 누구이고 무엇을 할 수 있는지에 대해 가르쳐줄 때마다 더욱 견고해진다. 예를 들어, 뒤처진 급우를 도와 함께 작업을 하면 어떻겠냐고 아이에게 제시하는 것으로 아이가 가진 개인적 특성에 대한 긍정적 피드백을 해줄 수 있다. 어려운 과제를 수 행하기 위해 기울이는 노력에 대해 구체적으로 칭찬을 해주면 아이들 은 끈기와 노력이 요구되는 자기제어 능력을 자각할 수 있다. 취사선 택 해보기는 이러한 자기분화self-differentiation 과정의 발달을 돕는 또 하 나의 방법인데, 이 방식은 그러한 선택이 개인적인 목표를 달성하는 데 도움을 주는지 아닌지에 대해 학생들과 토론해볼 시간을 가질 때 특히 효과적이다. 트라우마 공감학교의 스태프들은 구체적인 학습 또 는 행동 목표를 충족시키기 위해 어떤 도구를 사용할지, 어떤 지원이 필요한지를 아이들 스스로 선택하도록 장려한다. 자율성을 보장해주 는 것을 통해 아동에게 자신의 삶에 중요한 영향을 미치는 결정에 대 한 발언권을 주고, 결과적으로 교실의 안전성을 높이는 것이다(Green, 2014).

아동이 무엇을 어떻게 해야 할지 스스로 파악할 수 있도록 도와주는 규칙적인 학급 일과나 일정표, 차트, 타이머 등을 사용하면 안전성을 더욱 높일 수 있다. 주의사항이나 다음 주 활동 미리 보기 등은 아이 들이 일정의 변화에 미리 대비할 수 있게 해주며, 낯설거나 새로운 사 건이 발생할 때 다음엔 무슨 일이 일어날지 예측할 수 있는 능력을 기 르는 데도 도움을 준다.

안전한 학습 환경에 있다고 하더라도, 어릴 적 트라우마 병력이 있 는 아이들이 자기 나이에 맞는 자기조절 능력을 습득하기 위해서는 지속적으로 개별 지도를 받을 필요가 있다. 아이들이 자신의 과민성 을 비롯한 내적 상태에 대해 자각하면 할수록 스스로의 감정 상태를

트라우마 공감학교

관리하기 위한 적응 전략을 발달시켜줄 지속적인 지원이 있어야 한다. 이러한 적응 전략들은 주로 통제 불가능한 외부 요인 또는 내적 변화로 인해 생겨나는 불안에 대처하는 방법에 중점을 두는데, 한번 이런 전략을 획득하고 나면 아이들은 이를 사용하여 수업에 주의를 되돌리고 참여를 지속할 수 있게 된다.

문답식 지도

문답식 지도는 담화 및 대화가 가지는 영향력을 통해 아이들의 사고력을 기르고 학습 이해도를 끌어올리고자 하는 방식이다. 아이들은 다양한 환경에서 다양한 목적을 가지고 사용되는 여러 종류의 담화, 즉 이야기(일상 생활의 이야기나 배움의 이야기, 가르침의 이야기, 수업 구성에 사용되는 언어 등등)를 접하게 된다. 이런 이야기들은 모두 협력적, 상호적 관계의 발달을 돕는다는 원칙에 충실하다. 가령 아이들은 학교에서 듣게 되는 가르침의 이야기들에 마땅히 따라야 할 것 같은 간접적인 요청(예를 들면 '지금 바로 읽기 테이블로 와 주겠니?'와 같은 말들)이 섞여 있는 경우가 흔하다는 것을 금세 눈치 챈다. 일상 생활의 이야기 속에서 사용될 경우(예를 들면 '나와 산책하지 않겠니?'와 같은 말들) 이러한 유의 요청은 실제로 선택을 끌어낸다. 물론, 똑같은 질문이 수업이 진행되는 상황에서 제기되는 경우에는 이야기가 다르겠지만 말이다.

어릴 적 트라우마 병력이 있는 아이들에게는 언어적으로 풍부한 가정 환경이 거의 주어지지 않는다. 부모는 아이들과 거의 대화를 하지 않으며, 아이들은 자기 마음속에 떠오르는 생각에 관해 대화를 나누어 볼 기회가 없다. 결국 이런 아이들은 자신의 의견을 분명하게 표현하거나 미래의 꿈과 희망을 타인에게 이야기하는 일에 시간을 투자하지 않게 된다.

문답식 지도는 아동으로 하여금 언어가 타인의 생각을 탐구하는 일에 어떤 도움을 주는지를 생각해볼 기회를 제공해주는데, 이는 아이들이 공감 능력과 추론적 이해 능력을 발달시키는 데 있어 극히 중요한 표상적 사고력을 확대시켜준다(Johnston, 2012).

문답식 지도의 또 다른 장점은 아이들로 하여금 새로운 자아를 만들어내도록 유도하는 질문을 던져줄 수 있다는 것이다. 가령 '어떻게 할 수 있었니?(How did you~?)'라는 교사의 질문은 아이가 스스로의 행동을 자신 또는 타인에게 도움이 되는 긍정적인 결과와 연결지을 수 있도록 도와준다. 아이들은 충분한 연습을 통해 일련의 부정적인 자아상들을 고쳐서 다시 쓸 수 있게 된다.

단계적 지원 체계의 구현

트라우마 공감학교에서 학생에게 개입할 때 단계적으로 접근하는 방식은 특별한 교육적 적격성 또는 정신의학적 진단을 필요로 하는 기존의 서비스 모델 방식과는 전혀 다르다. 트라우마 공감학교는 어떤 지원이 필요할지를 결정할 때 위험 평가를 사용하는 공중 보건 모델에 의지한다. 빈곤이나 생활 적응력, ACE, 트라우마 병력, 정서적·행동적 불안과 같은 위험 요인들을 고려하여 아이들에게 제공할 지원의 유형과 강도를 결정하는 것이다. 대략 85%의 아동은 1단계에서 제공되는 지원으로 충분하다. 1단계의 지원들은 사실상 이미 보편적으로 적용되고 있는 것들로, 교육적으로 최선이라고 생각되는 방안들을 반영한 것들(예를 들어 아이들의 수준에 맞춘 지시나 긍정적 행동 지원, 발달상 수준에 맞는 언어, 보조를 맞추는 지시의 사용과 같은 지원들)이다. 남은 15%의 아이들에게는 목표가 분명하거나 강도가 센 2, 3단계의 개입이 필요할 수도 있다. 2단계의 지원은 보통 교실 범위 안에서 소규모 그룹을 대상으로 제공되며, 교사 또는 지원이 필요한 분야의 교육전문가가 아이들에게 개입한다. 2단계에서의 개입은 보통 기술 중심적으로 이루어지는데, 스트레스 관리 기술이나 사교 기술 등에 대한 교육이 그 사례라 할 수 있다. 3단계의 지원은 보통 학급 교사보다는 전문가에 의해, 교실에서 보다는 교실 바깥에서 이루어진다. 거의 일대일로 진행되며 매일 짧은 시간 동안 진행한다. 이 정도 수준의 지원은 부모의 죽음이라거나 양부모에게의 위탁과 같은 정서적 위기를 겪는 아이들에게 필요하다. 중요한 것은 어떤 아이든지 상황에 적합한 단계의 지원을 언제든지 받을 수 있어야 한다는 점이다.

단계적 개입과 뇌의 계층적 발달

단계적 개입을 통해 트라우마 공감학교는 아이들이 자신의 흥분을 조절하도록 도와주는 유연한 틀을 마련할 수 있게 된다. 단계의 분류는 아이들의 발달 수준을 고려하여 아이들과 같은 수준에서 생각해봄으로써 가능해지는데, 이러한 분류 단계상의 이동은 아이가 처한 환경이 바뀌거나 아이들의 자기 제어 능력 및 감정 조절 능력이 향상될 때 일어나게 된다.

아이는 성숙해지는 과정에서 고차원적인 기능을 담당하는 뇌의 영역을 사용하여 문제를 해결하고 좌절을 이겨내는 빈도를 늘려가는데,

트라우마는 뇌 하부 영역(뇌간과 중뇌에 해당하는 부분. 그림 5.2 참조)을 과도하게 활성화시킴으로써 이러한 발달 능력에 변화를 일으킨다.

그 결과 트라우마 병력이 있는 아이들은 뇌의 고차원적인 기능을 사용하여 반발 반응을 완화하거나 충동적, 공격적 행동을 억제하는 데 큰 어려움을 겪는다(Perry, 1997).

1단계 개입: 1단계의 개입은 통상적으로 학교 환경 곳곳에 스며 있는 보편적 지원이라 불린다(Sugai 외, 2000). 이 단계의 개입들은 학교 스태프들이 합의한 기대들을 반영하며, 모든 아동이 안전하고 돌봄을 받는 학습 환경을 누릴 수 있도록 보장한다. 트라우마를 가진 학생집단이 대략 40%에 달할 수도 있음을 알고 있기 때문에, 트라우마 공감 학교들은 학생들의 기분이나 행동의 급작스런 변화들을 예상하기 위

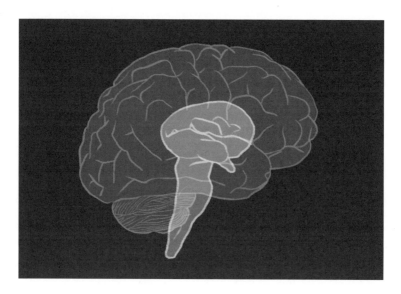

그림 5.2 뇌간과 중뇌

트라우마 공감학교

해 신중을 기한다. 이러한 보편적 지원에는 아이의 대처 능력이 도전에 응하거나 좌절을 극복하기에 불충분할 경우 스태프들이 나서서 도와주는 일도 포함된다. 예를 들어, 아이에게 위안이나 지지를 전달하는 식으로 교사의 물리적 근접성을 높인다든지, 아이들이 과제를 수행하다 좌절에 빠져 있을 때 보다 즐거운 일로 주의를 환기시켜준다든지, 활동을 하다가 다른 활동으로 전환할 때 충분한 시간을 주는 것 등도 여기에 포함될 수 있다.

1단계 개입의 목표는 아이들의 정신건강과 결부된 기능들을 수업을 통해 직접 가르쳐주는 것이다. 여기에는 자기인식, 자기관리, 사회인식, 관계 기술 그리고 책임감 있는 문제해결 능력 등이 포함된다(Collaborative for Academic, Social, and Emotional Learning, 2004). 이러한 기술들을 학습하고 훈련할 수 있는 기회는 모든 수업 내용뿐만 아니라 공동체의식과 소속감을 키우기 위한 학교 차원의 활동이나 기념행사들에도 통합되어야 한다. 1단계 개입의 성공 여부는 아이들이 고차원적인 언어 기능을 비롯한 대뇌 피질의 여러 기능들에 얼마나 접근할 수 있느냐에 달려 있다. 예를 들어, 활동을 시작할 때 학생들로 하여금 수업이 끝날 때까지 성취해놓고 싶은 개인적인 목표를 세우라고 한 뒤 각자가 얼마나 목표에 근접했는가를 평가하며 수업을 마치는 방법이 유효하다.

개인차에 맞춰 기대치를 조정해야 하는데, 예를 들면 언어 사용이 많이 요구되는 집단에서 제 역할을 수행하지 못하는 학생을 한두 명의 학생과 성인 코치로 구성된 소규모 그룹으로 이동시켜 필요한 기술을 훈련할 수 있도록 해주는 식이다.

이때 1단계 지원을 받은 아이들의 능력이 성공적으로 기능하고 있는지를 면밀히 관찰할 필요가 있는데, 전체 검사나 관찰에서 1단계 지원만으로는 개선되지 않고 있는 아이들이 발견될 경우 즉시 2단계 이상의 지원으로 이행해야 하기 때문이다.

2단계 개입: 트라우마 공감학교에서의 2단계 개입은 인지 처리 능력, 집행기능, 행동거지, 과제 수행 능력 등에 있어 아이들의 흥분 정도를 트라우마 이전의 수준으로 환원하기 위해서 설계된다. 이때 중요한 것이 뇌의 변연계, 즉 감정과 관련된 영역을 진정시켜서 아이들이 성인과의 유대관계에 참여하는 능력을 회복하게 하는 것이다. 이러한 능력은 어린 시절에 애착경험을 갖지 못하면 약화된다. 돌봄이 제대로 이루어지지 않으면 성인과 아이 사이의 관계는 유대감으로부터 권력 기반의 경쟁 관계로 변해버린다. 어린 시절의 주요 관계에서 충족돼야 할 안전성이 결여돼 있기 때문이다. 아이들은 안전한 장소를 벗어나지 않았음에도 무력감을 경험하고, 이러한 기분은 방어적인 반응을 촉발하여 스트레스 호르몬을 증가시키며, 양육자와 교사들에 대한 무조건적인 불신감이 싹트게 된다.

　따라서 2단계 개입은 통상적으로 교사들과 정신건강 전문가들로 구성된 팀에 의해 소규모 환경에서 이루어지는데, 주로 어른에 대한 아이들의 예상(불신)을 빗나가게 하여 아이들의 뇌를 "깜짝 놀라게"하는 방식으로 아이들을 참여시킨다(Hughes & Baylin, 2012). 규칙적인 절차를 따라 자기조절, 그중에서도 자기위로의 측면을 강조하는 그룹 활동에 음악과 율동을 통합시키는 방법도 있다. 예를 들자면, 심호흡을 할 때, 특히 교사와 장난 삼아 심호흡을 할 때 마음이 차분해진다는 아이가 있다면, 이런 아이에게는 자기 손가락을 생일 케이크의 촛불이라고 생각하고 숨을 내쉬기 전에 10개의 촛불을 모두 불어서 끌

수 있도록 숨을 충분히 들이쉬라고 해줄 수 있다. 요가를 할 때 과제에 쉽게 집중하고 일의 효율이 높아져서 편안함을 느낀다는 아이에게는 의자 요가 동작 가운데 혼란을 최소화하면서 교실 활동에 통합할 수 있을 만한 것을 찾아 알려주면 좋다.

각 개입법은 상호작용하는 뇌의 사회적 시스템들을 탐구하면서도 어른과 안전하게 협력하는 방법을 학습할 기회를 아동에게 제공하게끔 설계되어야 한다. 팀의 리더들은 재미나 즐거움, 수용, 호기심, 공감 등을 조합하여 (1)사회적 뇌를 가진다는 것의 의미에 대한 대화에 아이들을 끌어들이고 (2)타인을 이해하는 데 사용할 수 있는 기술들을 가르치며 (3)아동이 갈등을 해결하도록 돕고 (4)타인과의 동반을 신뢰하고 즐기기 위한 전략들을 개발하는 데 있어 아동을 지원해야 한다.
　　타인의 감정을 알아보기 위해 역할극을 사용한다거나 트러스트 워크^trust walk(한 아이가 눈을 가린 채 상대 아이에 의지해 목적지까지 안전하게 도착할 수 있게 하는 놀이) 같은 신뢰 쌓기 훈련 등이 여기에 해당한다 할 수 있다.
　　2단계의 개입은 실질적인 회복을 도모한다. 2단계 개입의 목표는 1단계 수준의 지원만으로도 사회적, 학업적 활동에 참여할 수 있을 정도까지 아동의 흥분을 안정시키거나 조절하는 것이다.

3단계 개입: 3단계의 개입은 빈도와 지속 기간 측면에서 가장 강도가 높다. 2단계 개입의 목표가 흥분을 조절하는 아동의 능력을 안정화하는 것이라면, 3단계는 흥분 자체를 초기에 통제하는 것을 목표로 한다. 이 수준의 개입이 필요한 아이들은 뇌간 영역이 지나치게 활성화되어 충동적이거나 공격적인 행동을 조절하려는 노력이 계속 무산

된다. 이 수준에서의 개입은 주로 일대일로 진행되는데, 궁극적인 목적은 24시간 주기의 리듬, 대체로 유아기 때 학습된 체내 조절의 패턴을 양육자와 함께 조정함으로써 재구축하는 것이다. 짧고 반복적이며 규칙적인 상호작용이나 율동, 드럼 치기나 시선 맞추기, 공동 주시[joint attention] 등이 이런 3단계 개입에 포함된다. 이런 방식들은 통상적으로 감각 통합이나 인지행동 치료에 대한 특수교육을 받은 교육 전문가가 준비하며, 감각 통합이 필요할 경우 직업 치료사나 음악치료사가, 인지행동 치료가 필요할 경우는 교내의 심리학자나 사회복지사가 주로 담당하게 된다.

　3단계 개입에서 교사는 주로 보조적 역할을 하는데, 팀의 지시에 따라 아이의 요구를 받아주면서 적절한 지원이 제공되고 있는지 진전 과정을 검토할 때도 있다.

학생들과 함께하는 협력적 파트너십의 가치

아이들에게 교사와의 관계는 트라우마의 영향을 막아주는 완충제의 역할을 한다. 아이가 자신의 행동의 배후에 자리한 근본적인 감정들에 이미 익숙해 있을 때 특히 더 그렇다. 이 완충 효과는 교사가 의도적으로 행위주체 의식을 고취하고 미래에 대한 희망을 서서히 불어넣는 방식으로 아이들을 참여시킬 때 더욱 강력하게 작용한다.

협력적 파트너십을 통해 트라우마 스트레스 완충하기

취학 연령기 아이들의 트라우마 유병률이 매우 높다는 사실을 감안한다면, 트라우마 공감학교의 스태프들은 교실마다 최소한 한 명 이상의 아이가 트라우마를 가지고 있을 것이라는 예측을 할 수 있다. 이러한 사실을 자각하면 교사들은 아이들을 협력적 파트너십에 참여시키는 선제적 접근법을 취할 수 있게 된다. 존중과 상호성을 특징으로 갖는 이 파트너십은 트라우마의 악영향을 최소화하고, 트라우마의 재발을 예방하는 데 도움을 준다. 트라우마의 본질에 대해, 또 트라우마가 상호작용 능력이나 학습 능력을 탈선시킬 수 있다는 사실에 대해 교사가 객관적으로 이해하고 있을 때 아이들의 돌발적인 감정의 분출을 미리 예측하고 안전감을 빠르게 회복시켜줄 수 있게 된다. 트라우마적인 기억이란 본래 감각적이고 파편화된 것임을 이해하고 있는 교사들은 감각활동과 자기위로의 활동을 수업에 통합시킨다. 또한 아이들과 나누는 대화를 신중하게 구성하여 아이들로 하여금 절망감을 특징으로 하는 피해자화된 자아의 이야기를 다시 쓸 수 있게 만들어준다. 교사들은 시간을 초월해 영향을 미치는 트라우마의 본질을 바르게 이해하고 있어야 한다. 어떠한 계기로 촉발될 때 트라우마는 언제든 재발하여 아이를 다시금 공포와 절망에 빠뜨릴 수 있다. 교사들은 의지력만으로는 트라우마를 극복할 수 없으며, 교사와 아이가 서로를 배려하는 관계를 구축해야 비로소 트라우마를 이겨낼 수 있다는 사실을 인식해야 한다. 따라서 교사는 눈에 보이는 아이들의 행동의 배후에 있는 감정을 눈치 채고 그에 응답할 수 있는 교실 환경을 만들어줄 필요가 있다. 이는 교사와 협동하는 데 필요한 안전감을 제공하여 교사가 아이들에게 좋지 않은 감정들을 다루는 적절한 방법을 가르쳐주는 일을 가능케 한다. 결국, 아동에게 부여하는 기준치가 높은 것은 사실이지만 이러한 기준은 어른과의 보호적인 협동 관계의 맥락을 벗어나지 않는 차원의 것이다.

재현 방지하기

어릴 적 트라우마 또는 애착 실패의 경험이 있는 아이들은 권위적인 어른을 불신하는 경향이 있다. 그 결과 아이는 어른의 요구가 합리적이라 할지라도 그 요구가 흥분 상태 또는 불편을 촉발할 때 극단적인 반응을 보이게 된다. 가벼운 지적을 받거나, 교사의 관심이나 이해가 부족하다고 느껴지면 돌연 스스로도 이해하거나 설명할 수 없는 공포감이 폭발하듯 되살아난다(Farragher & Yanosy, 2005).

이를 알기 때문에, 트라우마 공감학교의 교사는 이러한 '재현의 징조들bids for reenactment'을 바로 알아챈다. 아이들의 부정적인 행동에 대한 반응 대신 아이들과 협력하여 과거를 극복하게 해주겠다는 교사의 의지를 드러내는 방식으로 대응한다. 아이 혼자서 트라우마의 반복을 끊어내지 못할 때는 교사가 개입해 도움을 주어야 한다. 충동적 행동을 중단시키고 트라우마적 과거로부터 현실로 되돌아올 수 있게 격려해주는 것으로 아이의 주의를 끌어올 수 있다.

행위주체 의식 발달시키기

어릴 적 트라우마는 아이에게서 행위주체 의식을 빼앗는다. 이는 여러 가지 양상으로 드러나는데, 새로운 경험을 피하며 과제가 너무 힘겨워질 때면 빠르게 포기하는 등 동기 부여가 안 된 듯한 아동이 있는가 하면, 스스로 선택하거나 의견을 피력할 줄 몰라 집단의 선택을 따름으로써 주위에 수용되려는 아이도 있다. 겉으로 드러나는 행동과는 상관없이, 대개 이 아이들은 자신을 피해자라고 생각한다. 제어권을 얻기 위한 투쟁을 계속하는 아이도 간혹 있지만 대부분의 경우 그냥 포기하고 만다.

아이를 도와 아이의 자아상을 다시 쓰게 하기에 가장 좋은 환경은 교사가 아이들에게 '할 수 있다'는 태도를 불어넣는 교실이다. 이는 교사가 아이에게 개인적인 문제해결 과정을 들여다볼 수 있는 창을 제공함으로써 가능하다. 예를 들어 지금 가르치고 있는 개념을 학생들이 조금도 이해하지 못하고 있는 상황에서 아침 조회가 취소된다면, 이때 교사는 어떻게 문제 또는 장애물을 극복할 수 있을지에 대하여 크게 소리 내어 이야기해줄 수 있을 것이다. 취소된 조회 시간을 아이들이 좋아하는 이야기책을 더 많이 읽어줄 기회로 재구성할 수도 있다. 그것도 아니면, 교사 자신이 사용하고 있는 수업법이 성과를 거두지 못하고 있음을 인정하고, 아이들에게 다른 선택지를 제공할 수도 있다.

　　낙관적이고 확신에 찬 접근법을 도출해냄으로써 교사는 아이에게 자신의 삶을 바라보는 새로우면서도 더 큰 회복 효과를 주는 관점을 제공해줄 수 있다. 다양한 문제해결 전략에 자주 노출될수록 아이는 어렵거나 도전적인 과제에 끈기를 가지고 맞서나갈 수 있게 된다.
타인의 행복에 기여하는 경험은 아이에게 자아의 주된 특징을 이루는 수치심을 극복하게끔 도움을 준다. 어릴 적 트라우마 병력이 있는 아이들은 대개 사회적 기술이 떨어지기 때문에, 교사의 입장에서는 교실의 식물이나 애완동물을 돌보는 것으로 시작하여 서서히 돌봄 행동을 형성시켜주는 것이 최선이다. 적절한 지원과 감독을 할 수만 있다면, 이러한 접근법은 교사에게는 타인에 대한 아이의 기여를 인식할 수 있는 기회를, 그러면서도 동시에 아이들에게는 또래 친구들과 어울리기 위해 필요한 기술을 가르칠 수 있는 기회를 줄 것이다. 스스로를 교실 공동체의 가치 있는 구성원으로 경험할 때, 아이는 삶에서 긍정적 변화를 일구어내는 자신의 능력을 발견할 새로운 관점을 얻는다.

교육개혁에 미치는 영향

트라우마를 입은 아이들의 욕구를 다루려면 교사와 학교 관리자들
이 아이의 행동과 의욕을 새롭게 바라봐야 한다. 대부분의 교사는 아
이의 행동을 강화 수반성contingency reinforcement을 통해 관리하도록 훈련
받는다. 전문적인 응용 행동분석 훈련을 받은 교사들조차 아이가 자
신의 인지적 행동을 조절하는 법을 배울 수 있다고 가정하고 개입을
한다.

그러나 이러한 개입은 어릴 적 트라우마 병력이 있는 아동에게는
좀처럼 효과적이지 못하다. 여기에는 여러 이유가 있는데, 예를 들어
행위주체 의식이 결여된 아이들은 타인이 자신에게 하는 행동의 원인
으로 스스로를 보는 것을 어려워한다. 양육자와 맺었던 변덕스러운 관
계가 그렇게 가르쳤기 때문이다. 보상이나 처벌은 자신의 행동이 아닌
타인의 기분에 따른 결과라고 말이다. 이런 아이들은 특유의 흥분 조
절 장애를 겪고 있어서 대뇌 피질을 통해 자신의 충동에 브레이크를
거는 일 또한 어려워한다.

어릴 적 트라우마 병력이 있는 아이는 행동 관리에 있어 협력적으
로 접근해야 더 큰 효과를 볼 수 있다. 교사가 아이의 부정적인 행동
을 반항이 아닌 스트레스의 지표로 해석해주면, 아이는 교사의 지시
를 받는다는 긴장을 풀고 반사적인 투쟁이나 회피, 경직 반응을 일으
키는 원시적인 뇌 영역을 진정시킬 수 있다. 교사의 격려가 있으면 아
이들은 과도한 흥분 상태를 스스로 인식하는 법을 배울 수 있다. 결국

트라우마 공감학교

에는 자기위로 등의 전략을 통해 좌절이나 공포감을 관리할 수 있게 된다.

결론

아이의 신경 발달 과정에 대한 지식을 교실 활동에 성공적으로 통합하는 작업은 교사가 최선의 수업 방안을 일관되게 사용할 수 있냐 없냐에 좌우된다. 차별화된 수업이나 대화식 교수법이 신경 발달에 끼치는 영향은 이미 충분히 규명되어 있다. 교사가 뇌 가소성을 활용하는 교실 환경을 만들어내면 모든 아이들의 발달이 증대된다. 또한 추가적인 지원을 단계적으로 제공할 수 있으면 교사는 이러한 교수 전략들을 통해 아이들의 트라우마를 완충하면서도 자기옹호 능력을 키워줄 수 있는 효과적인 기틀을 마련할 수 있다.

관리자가 할 수 있는 일

1. 교사에게 애착 과정이 어떻게 작동하는가를 주제로 하는 전문적 연수를 제공한다.

2. 정서적 조절 장애가 아동의 파괴적 또는 적대적 행동에서 행하는 역할에 대한 현재의 연구에 의해 지식을 얻는 학교 차원의 훈육 계획을 개발한다.

3. 파괴적, 적대적인 아동과 상호작용을 하기 위한 단계적 축소 기법 및 회복적 훈육 방안 모델을 개발한다.

4. 전전두엽 피질을 강화하고 고차원적 사고력을 기르기 위해 뇌의 가소성을 어떻게 활용할 것인가에 대한 전문적 연수를 교사에게 제공한다.

5. 정규 일정 및 담당 분야를 제공하여 단계별 개입 팀들이 효과적으로 업무를 수행하게 한다.

6. 1단계의 학생 지원에서 이루어지는 보편적 지원을 두고 직원들이 합의에 이를 수 있도록하는 리더십을 제공한다.

7. 합의된 1단계 개입의 구현 과정을 검토한다.

8. 자주, 적극적으로 회의에 참가하여 단계적 개입 팀에 대한 지지를 행동으로 보여준다.

9. 트라우마의 감각적 측면을 관리하는 일과 트라우마를 촉발하는 자극의 횟수를 줄이는 일을 도와줄 수 있을 만한 직업 치료사나 사회복지사와 교사가 만날 기회를 제공한다.

10. 감정 조절 및 관계 회복에 관한 뇌 기반 연구를 반영하는 학교 차원의 행동관리 방침을 개발한다.

11. 강화 수반성뿐만 아니라 감정 조절에도 초점을 맞추는 행동관리 기법에 대한 전문적 연수를 제공한다.

트라우마 공감학교

12. 지역 기관들과 협력하여 아이들이 지역사회에 속한 타인의 행복에 기여할 수 있는 기회를 만들어낸다.

교사가 할 수 있는 일

1. 고차원적 사고 기술 분류체계(Anderson & Krathwohl, 2001)와 신경발달 기능 분류체계(Levine, 2002)를 사용하여 전전두엽 피질 발달을 촉진시키는 내용 영역 활동content area activities을 선별한다.

2. 자신이 학습자라는 자각을 아이들에게 심어줄 수 있도록 형성평가를 자주 하며 이를 통해 얻어진 데이터를 잘 활용한다.

3. 유연한 모둠 활동을 시행하여 아이들이 협력을 통해 자기 자신과 또래 친구들의 행동의 복잡성을 이해할 수 있도록 돕는다.

4. 아이의 좌우 뇌를 연결하는 신경 섬유조직(뇌들보)을 강화함으로써 기존의 도식에 새로운 정보를 통합하는 속도를 늘릴 수 있게끔 모둠을 짜 여러 가지 활동을 하게 한다. 예를 들면 의견 교환 노트필기나 새로운 정보를 음악 또는 몸동작과 연관 짓는 활동 등이 있다.

5. 개입 팀의 다른 구성원들과 상의하여 추가적 지원이 필요한 아동을 위한 2, 3단계 개입의 개요를 짜둔다.

6. 적절한 시점에서 다른 개입 팀 구성원들과 협력하여 아이로 하여금 마음의 평정이나 흥분 조절을 일정 수준으로 유지하거나(단계2), 제대로 해낼 수 있는(단계3) 방법을 배울 수 있도록 돕는다.

7. 직업치료사와 보조를 맞추어 교실에서 활용하기에 적합한 '감각 다이어트sensory diet' 활동을 개발한다. 손뼉 치기나 위치 바꾸기 같은 간단한 동작뿐만 아니라 수업을 방해하지 않고도 하루 종일 할 수 있는 수기手旗 활동 등이 여기에 포함된다.

8. 아이의 행동을 개별화하지 않도록 한다. 대신 아이의 과거 트라우마가 재현되는 것을 예방하는 객관적인 태도를 유지하고, 트라우마적 행동을 차츰 줄일 수 있도록 아이들의 충동적 행동에 반응하지 않도록 한다.

9. '할 수 있다'라는 태도의 가치 기준을 만들고 교실 공동체에 의미 있는 기여를 할 수 있게끔 도와줌으로써 아이들이 자신의 자아를 변화시킬 기회를 만들어준다.

10. 아이들에게 타인의 행복을 위해 기여할 기회를 제공한다.

6장
자연이 주는 또 한 번의 기회
성찰하는 뇌 만들기

집중을 못하고 방황하는 의식을 자발적으로 원위치시킬 수 있는 능력은
판단력과 개성 그리고 의지력의 근간이 된다.
이 능력의 개선을 이루어낼 수 있는 교육은 매우 탁월한 수준의 교육일 것이다.
—윌리엄 제임스William James

교사라면 누구나 수업이 있는 날엔 적어도 여섯 시간 동안 다수의 아이들의 협조를 끌어내야 한다는 힘겨운 과제와 마주한다. 그러려면 흥미나 학습 욕구가 제각기 다른 학생들을 끌어들일 수 있는 탄탄한 수업을 설계할 필요가 있다. 그러나 그것 못지않게 중요한 것이 세심한 관찰과 방향 수정 그리고 강화 수반성contingency reinforcement 즉 행동 조정을 사용하여 사회적으로 용인되는 방식으로 행동하려는 아동의 노력을 지원하는 일이다.

이 장에서는 아동의 뇌 안에서 성찰적 움직임이 활발하게 일어나도록 돕기 위해 교사가 사용할 수 있는 전략들을 제공한다. 마음챙김 훈련이나 아동의 인지 능력을 향상시키는 여타 방법, 좌뇌의 분석력을 사용해 우측 반구에 저장된 감정 데이터를 관리할 수 있게 아이들을 훈련시키는 방법을 논의한다. 회복을 위한 훈육 방침을 비롯 협력적 훈육 기법들을 검토하고, 마지막으로 회복력과 그 근간이 되는 신경적 특징을 살펴볼 것이다.

성찰하는 뇌 형성 지원하기

지난 사반세기의 과학 발전으로 인하여 아이들의 친사회적, 협동적 행동의 발달을 도울 방법에 대한 이론적 논의는 더이상 필요하지 않게 되었다. 자료는 아이들 안에 있다. 발달 중인 뇌의 사회적 특성으로 인해 분명해지는 것은 아이와 양육자의 상호작용 속에서 일어나는 선택들이 신피질新皮質의 발달에 상당한 영향을 끼친다는 사실이다. 신피질은 싸움이나 회피, 숨기 등의 반응을 자동적으로 촉발하는 뇌 하부 영역의 반응성을 억제하는 영역이다. 성찰이나 마음챙김, 시스템 전체에 걸친 통합적 발달을 돕는 활동에 아동을 참여시킨다면 감정과 행동을 조절하는 기능을 담당하는 신경 경로를 강화할 수 있다.

자기성찰하는 습관 길러주기

모든 아이는 충동적 행동을 억제하고 화를 억누르며 본인의 행동이 타인에게 미치는 영향을 고려하는 법을 배워야 한다는 어려운 과제와 직면한다. 기존의 교실 관리 기법에서는 아이들로부터 협조적이고 순응적인 반응을 끌어내기 위해 강화 수반성에 의존했다면, 트라우마 공감학교에서는 협동을 보다 강조하는 접근 방식을 사용한다. 이 방식은 아동에게 자신의 마음을 다루어 감정을 제어하고, 삶의 도전이나 좌절에 임할 때 회복력이 크고 삶을 긍정할 수 있게끔 그것들을 극복하는 방법을 가르친다. 이러한 감정 조절 수업은 아동에게 그들 내면의 풍경 안에서 일어나고 있는 일에 집중하는 법을 가르치는 것에서부터 시작한다. 자기 자신의 정신 활동을 살피는 법을 배우면서 아이는 주의가 가진 다음과 같은 두 가지 중요한 측면을 발견한다. (1)자신의 내부 세계는 자극으로 인한 감각과 심상, 마음속의 감정 그리고 머릿속 생각들로 가득 차 있으며, 이것들 모두가 서로 주의를 얻으려고 경쟁을 하고 있다는 것. (2)자신은 집중하고자 하는 것을 선택할 수 있다는 것.

다니엘 시겔Daniel J. Siegel은 의식의 수레바퀴라는 비유를 사용해 이 현상을 설명한다(Siegel, 2010). 수레바퀴의 중심에는 마음, 또는 내면화된 자아가 위치하며 감각, 심상, 감정, 생각은 중심으로부터 가장자리를 향해 뻗어나가는 바퀴살이다. 그러나 이들 중 어느 것도 중심의 허가 없이는 중심의 주의를 얻을 수 없다. 주의는 필연적으로 선택을 동반할 수밖에 없는 것이다. 최선의 선택이란 아이가 스스로 정한 목표에 맞는 선택일 것이다. 따라서 마음은 자신이 정한 목표에 기초하여

주의를 기울일 대상을 선택하게 되는 것이다.

이런 의견은 어릴 적 트라우마 병력이 있는 아동에게 매우 해방적인 발상이 될 수 있다. 이런 아동은 대개 되풀이되는 과거의 기억에 집중하려는 충동을 겪는다. 지나간 트라우마를 상기시키는 불청객이 아동의 주의를 눈앞의 사건으로부터 떼어놓는 것이다.

심상 유도^{guided imagery} 방식은 이런 아동에게 행복과 열광을 느낄 수 있도록 도와주는 감각이나 심상, 감정, 생각들(활력을 격감시켜 우울감이나 무기력함을 촉발하는 것들과 대비될 수 있는 것들)에 주의를 기울이는 방법을 가르친다. 자신의 정신 활동을 관찰하고 주의를 쏟을 대상을 선택할 수 있는 능력은 아동을 도와 과거로부터 해방되어 더 나은 미래를 상상할 수 있게 해준다.

교사는 아동이 주도적으로 자신의 주의를 다룰 수 있도록 돕기 위해 새 단원이나 과목을 시작할 때 '뇌 검사brain scan'라는 방법을 사용할 수 있다. 이 전략은 '마음을 통한 선별법SIFTing'이라 불리는 시겔의 또 다른 전략을 학습 목표를 설정하는 과정에 통합한 흥미로운 훈련법이다. 이 전략의 핵심은 하나의 주제에 대한 논의가 진행될 때 아동으로 하여금 눈을 감고 자신의 몸에서 느끼고Sense 있는 것을 자각하게 하는 것이다. 이때 아동이 작업을 진행하면서 문득 떠오르는 심상Image이나 일어나는 감정Feeling 그리고 뇌리에 떠오르는 생각Thought을 관찰하도록 해야 한다.

이 전략이 실제 학업 환경에서 사용될 경우의 예시를 들어보자면, 먼저 교사가 산호초를 다루는 단원을 시작할 것이라고 말한다. 그런 다음 주제에 대한 사전 지식을 점검하는 대신 아이들로 하여금 자신의 내면 의식의 중심에 자기 자신을 집중하게 한다. 그리곤 내면의 의

식으로부터 전해져오는 감각이나 심상, 감정, 기억들 중에 산호초라는 학습 목표를 이해하는 데 도움이 될 만한 것이 있는지를 생각해보게 한다. 학생들을 독려해 떠오른 것들을 모두 적게 하고, 그중에 수업시간 동안 자신이 집중하고 싶은 것을 최소한 두 가지씩 선택하게 한다. 산호초가 물속에서 흔들릴 때 만들어지는 리듬이라는 감각에 집중하기로 결심하는 아이도 있을 것이고, 산호초가 실제로 살아 있는 생명이라는 사실에 의해 자신의 내면에 발생한 감정에 집중하는 아이도 있을 것이다. 어느 쪽이든 산호초 탐구로 들어서기 위한 진입점이 된다. 단원을 마쳤을 때, 아이들에게 어디에 집중할 것인지 선택한 행위가 산호초에 관해 배우는 데 어떻게 도움이 되었는지를 곰곰이 생각해보게 하는 요약 활동을 진행하면, 주의를 기울이는 능력에 행사할 수 있는 자신의 제어력에 대한 자각이 더욱 강화될 수 있다.

마음챙김 가르치기

뇌의 가소성은 어릴 적 트라우마 병력이 있는 아이들에게 희망을 준다. 어린 시절의 부정적인 경험이 반드시 운명을 결정짓는 것은 아니다. 마음챙김을 통해 피질하부에서 촉발되는 공포감을 조절하는 전전두엽 피질 중앙부의 신경섬유를 강화하는 법을 가르칠 수 있기 때문이다(Kaiser Greenland, 2010; Siegel, 2010). 마음챙김 기법은 아동에게 자신의 내적, 외적 경험(기분은 어떻고, 어떤 신체 자극을 느끼고 있고, 무슨 생각을 하고 있는지 등)을 객관적으로 관찰하는 방법을 가르쳐준다. 자신의 내적 상태에 대하여 특정한 반응을 하는 일 없이 단순히 관찰할 수 있을 때, 아동은 자기 자신(자아)과 자신이 지금 무엇을 경험하고 있는지를 구별하는 법을 배운다.

자아와 감정을 구별하는 일은 아동이 정서 조절을 이루어내도록 하기 위한 중요한 첫걸음이다. 이것이 가능해지면 아동은 감정에 의거해 행동하기 전에 감정을 관찰할 수 있게 된다. 이는 자신의 몸과 마음에서 일어나고 있는 일들을 자신의 행동과 연결짓는 데 도움을 주어 아동의 충동성을 줄여준다. 마음챙김의 기법이 어릴 적 트라우마 병력이 있는 아동에게 주는 또 다른 효과는 무의식적인 사고 과정에 무력하게 지배당할 필요가 없다는 것을 가르쳐준다는 것이다. 상황 자체를 제어할 수는 없어도 상황에 대응하는 방법을 제어할 수 있다는 것을 알게 됨으로써, 기존에 있던 내면의 부정적인 개념을 현재 자신에게 발생하고 있는 상황을 보다 정확하게 반영하는 개념으로 전환할 수 있게 되는 것이다.

감정 조절을 해내는 능력이 늘어나면 아동의 집행 기능 또한 개선된다. 자신의 주의 집중을 제어하여 스스로 정한 목표를 달성하기 위한 계획을 실행할 수 있게 되기 때문이다.

마음챙김 훈련은 교실 대화와 공동체 만들기의 통상적 절차와 쉽게 통합될 수 있다. 교사는 명상 실천을 위한 구성요소를 이미 꽉 차 있는 하루 일정에 끼워 넣기 위해 고민할 필요가 없다. '간단한 참여 확인mini check-ins'이나 '숨 돌리기breath breaks' 등의 활동을 통해 아이들의 주의를 보다 긍정적이고 편안한 곳으로 돌림으로써 아이들이 스스로의 감정 상태를 점검하고, 또 그런 상태를 변화시키는 방법을 자각하도록 해줄 수 있기 때문이다.

시스템적 통합 독려하기

아동이 학업 및 사회관계에 있어 숙달을 이루어내기 위해서는 뇌의 여러 부위를 호혜적이고 통합된 방식으로 사용할 필요가 있다. 이는 어릴 적에 고난을 경험한 아이들에게 굉장히 어려운 일일 수 있다. 이런 아이들은 네 가지의 중요한 신경 구조인 대뇌의 좌우 반구와 피질 하부 및 신피질의 기능을 원활하게 조직화하는 법을 학습할 때 도움을 필요로 한다.

20세기에서 21세기로 전환하는 시기에 출간된 한 연구는 어릴 적 트라우마가 어떻게 대뇌 좌우 반구의 통합을 방해하는가에 대해 자세히 기록하고 있다(Crittenden, 1998; Kagan, 2002, Teicher, Anderson, & Polcari, 2012). 또한 자기공명영상법을 사용한 근래의 연구에 따르면 학대받은 아동과 평범한 또래 친구들 사이에는 좌우 뇌를 연결하고 그들 간 메시지를 전송하는 뇌들보가 크기와 용량에서 차이가 나타난다고 보고되었다(McCrory, De Brito, & Viding, 2011).

우뇌는 아동기 초기에 활동성이 매우 높아서 신체 자극에 대한 감각이나 양육자와의 어릴 적 상호작용에 대한 특정한 반응, 또한 이따금 찾아오는 감당할 수 없이 강한 감정들을 모두 받아들인다. 양육자는 아이들에게 자기 감정을 묘사하거나 명명하도록 하기 위한 단어를 가르쳐주는 일을 하여 우뇌의 데이터에 평가를 내리는 좌뇌의 능력을 발달시켜줄 수 있다. 좌뇌가 활동을 시작하면 아동은 삶의 내적 경험들을 분류하고 선별하고 정렬해서 조리 있는 이야기로 만들어낼 수 있게 된다.

그러나 언어의 조절 기능을 알아채지 못하고 있는 사람이 돌보는 아동은 종종 단어와 경험을 연결하지 못한다. 그 결과 우뇌와 좌뇌가 협력하여 감정의 흐름을 관리하고 설명하는 기능을 상실하게 된다. 이러한 통합 과정의 실패는 어릴 적 트라우마 병력이 있는 아동에게서 자주 발견되는 수많은 감정 조절장애와 파괴 행동의 원인이 된다. 이런 아동은 스트레스 상황에서 자기 분석을 행하고 언어에 의한 중재를 담당하는 좌뇌의 분열을 경험한다. 감정과 비언어적 사고의 영역인 우뇌가 전면에 나서게 되면서 통제할 수 없는 공포와 경악 등의 반응을 나타내는 행동을 하게 되는 것이다.

트라우마가 피질 하부와 신피질 사이의 정보 이동의 조직화에 미치는 영향 또한 좌뇌와 우뇌 사이에서 일어나는 일과 닮은 꼴이다. 공포를 일으키는 자극에 만성적으로 노출되면 해마와 좌측 대뇌 피질, 소뇌충부Cerebellom Vermis의 발달에 악영향을 주어 아동의 감각입력을 통합하는 능력에 해를 입힌다. 결과적으로 공포와 위험에 대한 피질 하부의 자동적 조절 반응을 돕는 피질의 능력이 약해진다(Van der Kolk, 2003).

이런 아동은 학교 환경 안에서도 혹시 위협이나 거부와 같은 사태가 일어나지는 않을까 불안에 떨며 경계한다. 이들은 종종 강박적인 반복 행동과 같은 증상을 보이거나, 양육자와의 관계에서 겪은 과거 트라우마를 재현하는 일에 권위적 인물을 끌어들이려는 욕구를 보이기도 한다. 이런 아동과 긍정적인 상호작용을 지속하기 위해서는 상당한 수준의 객관성뿐만 아니라 아동의 적개심과 무례를 개인화하고 싶은 유혹을 견뎌내는 능력이 필요하다. 이러한 적개심과 무례를 공포심의 표출로서 받아들일 수 있다면, 그것은 문제 행동을 단계적으로 줄여나가려 할 때 아동을 그에게 벌어지고 있는 문제에 대한 협력적 대화에 참여시킬 때와 같은 효과를 거둘 수 있게 된다.

어릴 적 트라우마 병력이 있는 아이는 자신의 행동과 전전두엽 피질을 연결하는 신경경로를 강화하는 기술과 관련된 활동을 일상화할 수 있게 해줄 많은 기회를 필요로 한다. 고차원적인 사고가 요구되는 활동에 자주 참여하는 것은 이러한 연결을 만드는 데 도움을 준다. 필요할 경우 교사는 아동이 타인과 협동하여 어려운 문제를 해결할 수 있도록 기초적인 지원을 해줄 수 있다. 또래들과 인사를 나누거나 열심히 놀이에 참여할 때, 또는 이미 진행 중인 활동에 합류할 때 대본을 짜주는 것 같은 간단한 지원으로도 큰 도움을 얻는 아동이 있다. 더 정교한 지원이 필요한 아동도 있는데, 그럴 때 교사는 학생들 모둠에서 대화가 수월하게 이루어지도록 도와주거나, 아동이 교장실에 불려갈 때 교장에게 먼저 말을 꺼내는 법을 아동과 함께 미리 연습해보는 등의 도움을 줄 수 있다. 이런 방법들은 모두 뇌의 집행 기능을 강화시켜 필요할 때 아동이 피질 하부의 반사 반응을 중단시킬 수 있게 해준다.

트라우마를 방지하는 교실 관리 기법 사용하기

트라우마 공감학교의 교실 관리 목표는 아동의 내적 세계에 집중하면서도 나이에 맞는 행동 기준을 적용하는 것이다. 특히 뇌의 상하부 사이의 신경 연결 섬유를 강화하여 고차적인 뇌 영역이 원시적 충동의 발현을 중단시킬 수 있도록 하는 것에 주안점을 둔다.

트라우마가 가중되는 상황 회피하기

트라우마 공감학교에서 교실 관리가 갖는 또 다른 목표는 어릴 적 트라우마 병력이 있는 아동으로 하여금 높은 수용력을 가지고, 학습을 해낼 수 있는 흥분 정도를 일정하게 유지하는 시간을 늘리는 것이다. 최적의 상태는 어른들이 아동의 요구에 맞춰줌으로써 아이와 일관적이고 애정이 넘치는 관계를 맺을 수 있을 때 가장 쉽게 유지된다.

다른 아이들과 마찬가지로 어릴 적 트라우마 병력이 있는 아동 또한 기질이나 피로 정도, 발달 능력이나 상황에 따른 요구 등에 따라 적절한 행동을 해내는 능력이 유동적으로 변화한다(Siegel & Bryson, 2014). 활동이나 관계를 더 잘 수행하거나 맺기도 하고, 그러지 못할 때도 있는 것이다.

트라우마를 겪은 아동이 보이는 역량의 유동성이 색다른 이유는 트라우마 촉발 요인에 대한 아동의 반응 강도와 그 지속 시간 때문이다. 트라우마적인 기억이 환기시키는 공포감은 원초적인 뇌 영역에서도 가장 깊숙하고 후미진 곳에서 일어나기 때문에, 본래의 안정 상태를 회복하려면 특정 행동을 통해 아동의 뇌간 영역을 진정시켜 주어야만 한다(Perry, 2006). 이런 행동에는 짧고 반복적인 율동이나 감각 다이어트 등이 포함되는데, 이러한 것들은 종합적인 교실 관리 체계의 일부로 포함되어야 한다.

회복적 훈육법

트라우마 공감학교는 아동의 발달을 위해 서로 협력하는 어른과 아동의 관계에 기반을 둔 회복적인 접근 방식을 통한 훈육을 선호한다. 잘못된 행동을 처리할 때 아동으로 하여금 압박감이나 소외감을 느끼게 하는 대신 회복적 관계를 강화하는 방식을 통해 하는 것이다. 잘못에 대한 배상은 그 초점을 처벌보다는 자신의 행동으로 타인에게 끼친 피해를 바로잡고 다시는 그런 행동을 하지 않도록 다짐하게 만드는 것에 두어야 한다.

아동을 회복적 훈육법의 생활화에 참여시키는 과정에는 잘못된 행동과 갈등의 해소를 공감적이면서도 개인적인 판단을 개입시키지 않는 방식으로 다룰 수 있도록 아동을 훈련시키는 일 또한 포함된다. 예를 들자면 정서적인 말을 전하고 질문을 던지며 타인의 말을 경청하는 훈련을 시키는 것 등이 있다.

학급 회의나 빙 둘러앉아 차례로 발언을 하는 등의 활동은 회복적 훈육법을 연습하는 데 필요한 협동과 존중의 표본을 만드는 좋은 환경을 제공해준다. 또한 대본을 활용하여 아동에게 새로운 상호간 의사소통 방식을 가르칠 수 있으며, 충분한 연습을 통해 아동은 본인의 행동이 교실 공동체 전체에 미치는 영향을 이해할 수 있게 된다. 긍정적 공헌을 할 때는 모두 축하해주고, 일탈된 행동을 하거나 파괴적인 충돌을 일으킬 때 그는 자신이 모두에게 나쁜 영향을 준다는 사실을 알게 된다. 또래 아이들은 한 팀이기 때문에 잘못을 만회하려는 그 아동의 노력을 지지해주고, 아동은 금방 다시 팀과 하나가 되어 친구와 교실 공동체 전체를 이롭게 한다(Spargue, 2014).

회복적 훈육법의 핵심을 이루는 이 협동적 문제해결을 실천에 옮기는 일은 아동의 정서적 안전을 보장하는 한도 내에서 진행되어야 한다. '존중 합의respect agreement'(Claassen & Claassen, 2008, p.41)를 사용하는 교실이 있는가 하면 존중이 무엇을 통해 보이거나 들리는지를 나열한 t-차트(Johnson & Johnson, 1985)를 사용하는 교실도 있다. 이런 보호적 환경 안에서 아동은 타인의 생각과 감정을 더 잘 알아차리게 되고, 뒤이어 진행되는 대화는 서로의 차이에 대한 포용력을 늘려준다. 또한 사건이나 상황에 대해 개인적인 판단을 피하고 대안적 설명을 탐색하기 위해 필요한 인지 유연성을 습득할 수 있다.

회복적 훈육의 발달을 돕는 교실 생활화 방안에는 팀워크를 장려하는 작업 구성도 포함된다. 이를테면 아이들이 둘러앉아 의견 차이를 해결할 수 있도록 하는 '평화 탁자'나 유동적인 모둠 짜기, 조망 수용과 협상 능력을 길러주는 과제를 수행할 기회의 제공 등이 있다. 회복적 훈육을 이행하는 일에 또래들 간의 중재자 역할의 훈련이 유익하다고 여기는 교사가 있는 한편 둘러앉아 대화를 나누는 시간을 주거나 수업의 시작과 끝에 잠깐씩 짬을 내어 대화 나누기 훈련을 시키는 것을 선호하는 교사도 있다. 어느 기법을 선택하든 목표는 언제나 하나이다. 처벌이 아닌 회복을 목표로 삼을 때, 관계를 바로잡고 오래된 상처를 치유하는 것이 가능하다는 사실을 아동에게 가르치는 것이다.

회복력 기르기: 원상 복귀할 수 있는 능력

회복력resilience에 대해 다룬 초기 연구들은 어릴 적 트라우마를 겪고도 생산적이고 의미 있는 삶을 살아가는 아동에게는 주목할 만한 고유의 특성이 있을 것이라고 암시했다(Goldstein & Brooks, 2014). 그러나 사실 특별한 것은 전혀 없었다. 회복력은 아동의 초기 애착 관계의 맥락 안에서 발달한다. 이 결정적인 시기 동안 제공되는 돌봄의 질은 아동이 스트레스를 관리하는 데 필요한 적응 시스템을 사용하기 위한 신경 경로들을 만든다. 문제는 트라우마나 애착 실패가 이런 시스템의 발달을 방해하기 때문에 일어난다. 그렇게 되면 아이의 적응력을 개선하거나 강화시켜주기 위한 개입이 필요하게 된다.

학교에는 아동이 회복력 있는 사고방식을 되찾도록 도와줄 수 있는 잠재력이 있다. 신경 가소성을 활용하여 교사는 아동의 내적 강인함을 기르고, 타인과 연결되어 있다는 의식을 늘려주며, 자신의 행동을 검토하는 능력을 개선한다.

아동의 내적 강인함 개발하기

보통 어릴 적 트라우마 병력이 있는 아동의 내적 대화에는 회복력과 직결된 자신감이나 호기심이 부족한 경우가 흔하다. 이런 아동은 애착 실패나 학대, 방치 등으로 인해 자신을 낮게 평가하려 하는 경향을 보이며, 결과적으로 비관적인 태도를 보인다. 이러한 특유의 '부정적 편향negativity bias'은 표면적으로 볼 때 인내심이나 노력이 부족해 조절 능력이 떨어진다고 여겨지는 원인이 된다(Ayoub, O'Connor, Rappolt-Schlichtman, Fischer, Rogosch, Toth, & Cicchetti, 2006).

교사는 여러 전략을 교실 안의 일상에 통합하여 아동이 보다 긍정적인 태도를 기르도록 도와줄 수 있다. 그중 하나는 아동에게 긍정적 사고가 주는 이로움을 찬양하는 노래(영화 『남태평양South Pacific(1958)』에 나오는 「즐거운 대화Happy Talk」나 「행복한 휘파람 노래Whistle a Happy Tune」 또는 「용기를 내야 해You've Got to Have Heart」와 같은)의 노랫말을 가르치는 것이다. 이런 노랫말의 활용은 수업 분위기가 급락했을 때 즉흥적인 노래 부르기 시간을 마련하여 진행할 수 있다. 또한 '나는 ~를 가지고 있어요'(자원 말하기), '나는 ~입니다'(자신에 대한 믿음 말하기), '나는 ~를 할 수 있어요'(자료에 따른 수행 증명 말하기), '나는 ~를 좋아해요'(선호 말하기)의 네 가지 서술형 설문을 자주 작성하게 하여 아동이 자신의 '회복적 근육'을 단련하는 일을 도울 수 있다(Boniwell, 2012).

이 활동은 자기인식을 끌어올려주는데, 예를 들어 교사가 자신의 능력에 대하여 아이가 가지고 있는 내적 인식을 서서히 바꿔주려고 할 때 '할 수 있어요' 항목에서 얻어낸 자료에 근거한 대응을 해주는 것은 매우 효과적일 수 있다. 마찬가지로 '~입니다' 항목에 근거한 대응은 학생의 목적의식 및 행위주체 의식을 늘려주는 데 활용될 수 있다.

아이들이 불편함을 참아내는 능력을 끌어올리도록 돕는 것도 교사가 아동의 내적 강인함을 개발해줄 수 있는 방법이다. 뇌 하부 영역은 마비감이나 경직, 몽롱함이나 따가움 등의 신체 감각을 통해 자기 존재를 알리는데, 흥분 시스템에 조절 장애가 있는 아동은 이런 감각이 오래 가지 않는다는 사실을 깨닫지 못하고 민감하게 반응하며, 이런 경향은 다른 곳에 집중하고 있을 때 더욱 심해진다.

몸과 마음이 어떻게 서로 협력하는지에 대하여 이해하게 되면 아동은 이따금 찾아오는 불편함을 참아내는 능력이 늘어난다. 그것이 영원하지 않다는 것을 알고 있기 때문이다. 또한 리바운드 기술^{rebound skill}을 익히는 것도 도움이 되는데 이것은 개인의 기호에 맞출 수 있는 기술로 몸 움직이기나 자신의 내면에 안전한 장소를 그려보는 활동, 음악이나 미술을 통해 위안을 얻는 등의 기술 등이 포함된다.

타인과의 유대감 키워주기

어릴 적 트라우마 병력이 있는 아동은 스스로를 고립된 존재라고 느낀다. 이런 고립감의 원인은 여러 가지인데, 학대나 방치의 결과인 경우도 있고 가족의 비밀에 대한 부담으로 계속 거리를 두려 하는 아동

도 있다. 그런가 하면 또래와 함께 게임을 하거나 나이에 맞는 대화를
이어나가는 데 필요한 사회적 기술이 부족한 아동도 있다. 이유가 무
엇이든 이런 사고방식과 기술의 부족이 합쳐지면 어릴 적 역경을 넘어
나아가기 위한 자원을 찾아내는 아동의 능력을 위협하게 된다.

　이런 아이들에게 개입하기 위해서는 (1)어른을 안전하고 믿을 만한
존재로서 재정립해주고 (2)사회적 기술을 가르쳐주며 (3)아동이 스스
로를 극복해야 하는 이유들에 관여할 기회를 제공해주는 다면적 접근
법이 필요하다.

믿을 만한 지원자로서의 교사: 아동의 정서적 욕구에 적응이 되어
있으면서도 적절한 행동 기준을 지키도록 할 수 있는 교사는 아이들
로 하여금 자신의 감정과 행동을 조절하도록 도와주는 어른의 능력을
믿을 수 있도록 회복시킨다. 이런 기본적인 경험을 근거로 교사는 아
동이 타인을 도움을 청할 수 있는 지지자로 인식하는 능력을 기를 수
있게 해준다.

　아이들이 더 편안하게 도움을 요청하고, 또 도움이 될 만한 자원
들을 찾을 수 있게 하려면 먼저 교사가 모범을 보여주어야 한다. 학교
공동체의 구성원들이 교실 과제에 이바지하게 하는 방법에 대한 교실
토론이나 친구들의 질문에 답하고 도움을 주는 '또래 도우미' 역할을
맡기는 등의 방법은 아동을 독려하여 아동이 사용할 수 있는 자원에
접근하게 해주는 추가적인 방법이다.

사회적 기술 가르치기: 어릴 적 트라우마 병력이 있는 아동은 흔히
또래나 어른에게 말을 걸기 전에 연습을 필요로 한다. 대다수가 언어
활용 능력에 문제가 있어서 비언어적 신호를 이해하고 미묘한 뉘앙스

의 차이를 해석하는 능력이 제한되기 때문이다. 이런 아동은 질문을 직접 만들어내거나 자신의 생각 또는 감정을 표현할 적절한 단어를 찾는 데 애를 먹는다.

트라우마 공감학교에서는 이러한 기본적인 사회적 기술을 다루는 수업을 그룹별 협력 활동뿐만 아니라 모둠이나 회의 시간 안에도 통합해 넣는다. 필요할 경우에는 아동에게 앞으로 있을 대화와 관련된 어휘를 미리 알아볼 기회를 주기도 한다. 역할 놀이나 대본을 사용하는 대화 또한 담화 경험이 부족한 아동에게 도움을 줄 수 있다.

봉사 학습: 봉사 학습, 즉 타인을 이롭게 하는 활동에 관여하는 경험은 대다수의 아동이 자신의 적응 능력이나 회복력을 되찾는 데 도움을 준다. 타인에게 긍정적 기여를 하는 것을 통해 아동은 타인에게 내어줄 수 있을 만한 것을 자신이 가지고 있다는 사실을 배운다. 아동의 어릴 적 경험이 '나는 무가치하다' 또는 '나는 그저 골칫거리일 뿐이다'라는 믿음을 심어주었다는 점을 생각하면 이것은 매우 강력한 메시지가 된다(Mullinar & Hunt, 1997).

구체적인 예시로는 학교의 재활용 프로그램에 자원봉사를 한다거나 유아들을 위한 또래 모델 역할을 맡는다든지, 미술실에 있는 재료들을 분류하는 일 등이 있다. 유일한 조건은 과제의 성취가 더 큰 공동체의 이익을 위한 것이어야 한다는 점뿐이다.

자원봉사 활동의 스케줄이 자유로워도 잘 대응하는 아동이 있는가 하면, 이러한 개입으로부터 도움을 얻기 위해서는 시간과 일자, 활동의 짜임새를 정해주어야 하는 아동도 있다. 어느 경우든 타인을 돌보는 법을 배우면서 자기 돌봄을 해내는 아동의 능력 또한 늘어나게 된다. 아동은 의미 있는 목적에 기여할 수 있는 자신의 능력에 자신감을 가지게 된다.

뇌의 경험하는 회로와 관찰하는 회로 통합하기

어릴 적 트라우마 병력이 있는 아동의 회복력은 아동이 뇌의 경험하는 회로와 관찰하는 회로를 통합하는 능력에 상당 부분 의존한다. 이런 아동 또한 지각한 위협에 빠르게 반응을 한다는 사실을 감안하면, 아동의 반응에 즉각적으로 대응하는 것이 아니라 아동이 자신의 감정을 객관적으로 관찰할 수 있는 능력을 발달시켜주어야 한다는 것은 명백하다. 파충류의 뇌(뇌간과 소뇌를 비롯하여 원초적인 생명 유지 기능을 하는 두뇌 영역을 일컫는 말.-편주)와 신피질을 연결하는 신경경로를 강화시켜주는 개입을 통해 아이들의 이러한 관찰 능력을 길러줄 수 있다.

가장 간단한 개입으로는 아이들로 하여금 공포 대신 호기심을 가지고 파충류의 뇌와 같은 '아래층 뇌'가 보여주는 거대한 감정에 접근하도록 하는 것이다(Siegel & Bryson, 2012, p. 37). 지금은 안전하다고 아동을 안심시켜주면 아동은 스스로 인식하고 통합시킬 수 있는 뇌 영역이 많이 있다는 것을 알아차리게 된다. 그러면 공포를 유발하는 감각들이 생겨날 때 아동은 더이상 그것과 혼자서 마주할 필요가 없게 되며, 신피질 같은 '위층 뇌'(Siegel & Bryson, 2012, p. 39)를 통해 상황을 평가하고 자신의 공포가 적절한 반응인지 아닌지를 검토할 수 있게 된다. 대체로 이 보다 논리적인 뇌 영역에서 오는 피드백은 평정심을 회복하고 아동이 지금 이 순간에 해야 할 일에 집중할 수 있도록 도와준다.

　이러한 신경 회로들의 통합은 아동을 싸움과 회피, 숨기 등의 반응을 보이는 원초적인 '생존 모드'로 되돌림으로써 아동의 진전을 방해하는 파충류 뇌의 능력을 줄여주어 아동이 과거의 폭압을 뛰어넘어 앞으로 나아갈 수 있게 하는 데 결정적으로 중요하다. 이로써 뇌의 다운 시프트 발생률이 감소하고 뇌의 여러 영역들이 더욱 협동적으로 기능할 태세를 갖추게 됨에 따라 집행 기능이 원활하게 작동할 수 있게 된다. 결과적으로 아동은 목적의식이 강한 행동에 참여할 수 있게 된다. 더이상 예전처럼 뇌의 자동적 반응에 끌려 다니기만 하던 포로가 아니게 되는 것이다. 이런 아동은 새로운 경험이 자신의 뇌를 변화시키도록 받아들일 자유를 가지며, 회복력 있고 긍정적인 태도로 자신의 삶을 이어갈 수 있게 된다.

교육개혁에 미치는 영향

트라우마 공감학교에서는 효과적인 교실 관리를 위해 이용할 수 있는 자원의 범위를 확대시켜 성찰과 관련된 뇌 영역을 강화하는 방법과 이를 통해 어릴 적 트라우마 병력이 있는 아동에게서 자주 발견되는 충동성과 판단력 결핍을 줄이기 위해 교사가 사용할 수 있는 전략을 아우른다. 여기에는 아동과 협동하여 목표를 정하는 일뿐만 아니라 얼마나 효과적으로 목표를 성취했는가를 아동이 스스로 평가할 기회를 주는 것도 포함된다. '요담번(TNT)' 전략을 사용하는 교사들도 있다. 계획한 대로 썩 잘 되고 있지 못할 때 교사가 아동에게 묻는 것이다. '요The 담Next 번Time에는 무슨 일을 할 거니?(What will you do The Next Time?)'라고 말이다. 수업을 마칠 때마다 시간을 내어 발표했던 내용을 요약하는 교사들도 있다. 그러고는 아동에게 즉흥적으로 떠오른 좋은 방안이 있으면 말해보라고 하는데, 이런 활동은 다음 시간을 위한 서두 활동의 일부로 포함될 수 있다.

　이런 교사들은 위협이나 강압 등의 방법을 사용하는 일을 피한다. 그런 방법은 뇌 하부 영역의 공포 반응을 심화시킬 수 있기 때문이다. 대신 그들은 아동의 전전두엽 피질을 활성화시킬 수 있는 협동의 방법을 채택한다. 협동은 아동의 조절장애를 일으키는 부분과 이를 회복시킬 수 있는 뇌 영역 사이에 기능적인 연결고리를 만들어낸다. 이런 연결의 경험이 반복되면 뇌의 상부와 하부 영역을 잇는 연결 섬유가 강화되어 아동이 뇌 하부에서 일어나는 충동을 억제하고, 자신의 행동에 더 큰 제어력을 획득할 수 있도록 돕는다.

결론

뇌의 가소성을 활용하여 성찰하고 집중하는 아동의 능력을 늘려주는 수업은 트라우마 공감학교의 전형적인 특징이다. 자신의 행동을 관리하는 일을 해내는 데 있어 그때그때 차이가 나는 아동의 능력에 즉각적으로 대응을 해줄 수 있는 교실 지원은 뇌 상부 영역과 하부 영역을 잇는 연결섬유를 강화한다. 이때 학생들은 집행 기능과 목적의식이 있는 행동을 해내는 능력을 길러낼 수 있게끔 다양한 신경시스템들을 통합할 수 있다. 그들은 교실 공동체 의식을 만들어내는 동시에 서로의 정서적 안전을 보장하는 회복적 실천에 나서는 적극적인 참여자가 되며, 이런 보호적인 환경 안에서 아동은 자신의 생각과 감정, 행동을 관찰하는 법을 배운다. 인지 유연성이 늘어난 아동은 회복력 있는 근육을 일구어내어 지난 트라우마를 뛰어넘고 전진하여 희망찬 미래를 창조할 수 있다.

관리자가 할 수 있는 일

1. 교사들에게 교실에서 마음챙김을 인식하는 법을 가르치는 것을 주제로 한 전문 연수를 제공한다.

2. 하급생들에 대한 멘토링 제공이나 소속감 조성 등 학교 공동체 차원에서 삶의 질을 개선하는 일에 전교생의 주목을 모으도록 한다. 계획을 수립하고, 진행 상황을 검토하며 문제가 있는 부분을 바꾸는 데 성공한 경우에는 그것을 칭찬한다.

3. 교사들이 뇌와 뇌의 작동 원리에 대해 아동에게 가르칠 수 있도록 자료를 제공한다.

4. 공포감을 일으키는 훈육 기법(타임아웃과 같은 방식)이 있다면 아동이 회복력이나 긍정적인 태도를 통해 좌절감이나 실망감을 견딜 수 있게 해줄만한 기법으로 바꾼다.

5. 다양성을 중시하고 아동과 학교 스태프들 간에 호혜적인 관계를 추구하는 분위기를 발달시킨다.

6. 매달 조회를 열어 학교 차원의 행사를 열고, 봉사정신 또는 문제해결의 의지가 남달랐던 학생들을 표창한다.

7. 스태프들이 트라우마의 촉발 요인과 행동 사이의 관계를 이해할 수 있도록 전문 연수를 제공한다.

8. 학생들이 다른 학생이나 재산에 끼친 피해를 복구하도록 하는 회복적 훈육 방침을 개발한다.

9. 학교나 지역 사회에서 봉사 학습에 참여하도록 학생들이 독려받는 학교 풍토를 만든다.

10. 교사에게 뇌의 통합과 관련된 전문 연수를 제공한다. 다니엘 시겔과 티나 페인 브리슨Tina Payne Bryson의 『전뇌全腦 아동: 자녀의 마음 발달에

양식을 주는 12가지 전략*The Whole-Brain Child: 12 Revolutionary Strategies to Nurture Your Child's Developing Mind*(2012)을 사용하는 스터디 그룹을 조성한다.

11. 아동이 이루어낸 것을 자료로 증명함으로써 아동의 '회복적 근육'을 만들어주고 행위주체 의식을 끌어올려준다.

12. 마음이 끌리는 물리적인 환경을 만들어내고 적어도 하루에 한 번씩 학교에서 잘 풀리고 있는 일에 아동이 주목하도록 함으로써 학교 공동체의 확대에 대한 낙관적인 태도를 조성한다.

교사가 할 수 있는 일

1. 자기조절을 위한 아동의 노력을 지원하되, 그들의 내적 상태에 주의를 기울이면서 동시에 높은 행동 기준을 유지할 수 있도록 한다.

2. 심호흡을 위한 '간단한 참여 확인'과 '숨 고르기' 등의 활동을 통해 아동이 어떤 감정을 느끼고 있는지, 과제를 계속 수행하려면 무엇이 필요한지에 대해 스스로 계속 의식하는 마음챙김을 해낼 수 있도록 돕는다.

3. 좌뇌와 우뇌를 연결해줄 수 있는 소통 발달 전략을 사용한다.

4. 아동의 집행 기능 발달을 위하여 그들의 행동과 전전두엽 피질 사이의 연결을 강화할 수 있도록 아동을 협동적 목표 설정과 진행 과정의 검토, 문제해결의 과정에 의도적으로 참여시킨다.

5. 아동의 주의를 다른 방향으로 돌리고 기분을 전환시켜주기 위한 전략을 통해 불쾌한 감각을 견디는 법을 배우게 해준다.

6. 교사가 아동의 요구에 적응해 있을 뿐 아니라 그들로 하여금 적절한 행동 기준을 지키게 할 수 있다는 점을 미리 아동에게 알려준다.

7. 아동에게 뇌의 여러 가지 영역, 특히 자기조절 능력과 관련된 영역에 대해 가르친다. 또한 다양한 영역이 어떻게 함께 일할 수 있는지를 분명하게 가르쳐준다.

8. 자기위안이 자기조절의 중요한 한 부분이라는 점을 가르친다. 기분이 나아지기 위해 할 수 있는 것에 무엇이 있을지 자주 대화를 나눈다.

9. 아동을 그의 행동으로 미루어 판단하는 것을 피한다. 대신 행동의 뒤에 있는 감정을 알아채기 위해 노력하고, 아동의 욕구가 충족될 수 있게끔 더 효과적이고 새로운 방법들을 사용한다.

10. 몸 움직이기나 스트레칭, 심호흡과 같이 마음을 진정시키는 비언어적 전략들을 포함한 감각 다이어트 활동에 접할 기회를 제공해준다.

11. 설문이나 게임처럼 진행할 수 있는 질문을 통해 아동의 자기인식을 길러낸다.

12. 매달 자료에 근거해 아동이 해낸 일을 칭찬해주는 자리를 마련한다.

7장
교사의 상처와 소진
교사에게 일어나는 감정 손상 인지하기

우리는 사물을 있는 그대로 보지 않는다.
우리는 우리가 보고자 하는 것을 본다.
―아나이스 닌Anais Nin

취학 연령기의 아이들 사이에 트라우마가 만연해 있다는 사실이 분명해지면서, 사람들은 이런 아이들과 장시간 함께하는 것이 교사의 직업적, 개인적 삶에 어떤 영향을 미치는가에 주목하고 있다(Perry, 2014). 이 장에서 우리는 트라우마를 겪은 아동을 다루는 전문 직업인들에게서 나타나는 공감 피로compassion fatigue 또는 2차 트라우마secondary trauma 에 대해 알려진 바를 검토할 것이다. 어려움의 증상뿐 아니라 이를 피하기 위해 교사가 취할 수 있는 조치에 대해서도 이야기할 것이다. 또 트라우마를 겪은 아동을 다루는 여타 전문 직업인들의 이직률이 높다는 사실을 감안하여 공감 피로와 교사 수 감소 사이의 관련성에 대한 논의도 시도해보고자 한다(Balfour & Neff, 1993).

교사 스트레스의 원인

가르치는 일은 스트레스와 연관된 건강 문제에 있어서 최고로 힘든 직업 중 하나이다(Johnson, Cooper, Cartwright, Donald, Taylor, & Millet, 2005). 이는 가르치는 일이 필요로 하는 정서적 작업의 엄청난 양을 고려할 줄 아는 사람이면 누구나 이해할 수 있다.

교직은 사람을 대하는 다른 직업과 비교해 봐도 독특한 면이 있는데, 이는 "교직 수행이 특히 중요하게 여기는 것이 다른 분야와는 견줄 수 없을 정도로 고객들(학생)과 아주 장기적이고 의미 있는 연결을 깊이 있게 맺는 것"(Klassen, Perry, & Frenzel, 2012, p.15)이기 때문이다. 교사들은 매일 되풀이되는 어린 시절의 공포와 고난의 이야기에 귀를 기울이지만, 안타깝게도 이야기를 듣는 공간은 회복을 위한 시간이 충분히 주어지지 않는 환경이다(Perry, 2014). 더군다나 교사들은 학생과의 고통스러운 대화와 마주하면서도 학교라는 곳에서 적절하다고 여겨지는 제한된 범위의 감정 안에서만 일을 처리해야 한다(Hargreaves, 2000: Zapf, 2002). 학생이 무례하게 대할 때 과잉 반응을 해서도 안 되고, 아이들이 겪은 역경에 압도되어 눈물을 흘리는 것도 허락되지 않는다.

학생의 훈육이나 동기부여에 관련된 문제는 교사 스트레스와 교사 수 감소의 원인으로 자주 지목되곤 한다(Gibbs & Miller, 2008). 특히 한 학생의 행동으로 인해 다른 학생들에게 진행할 수업이 방해를 받을 때 더욱 스트레스가 된다(Chang, 2009).

이는 어릴 적 트라우마나 역경의 경험과 큰 상관관계를 가지는 영역의 행동이므로, 응징이나 처벌, 또는 강화 수반성과 같은 전통적인 개입법을 통해 통제할 수가 없어서 교사들의 스트레스가 가중될 가능성이 높다.

트라우마에 특화된 훈련 없이 교사는 트라우마의 증상을 인지하지 못하며, 그 진행을 되돌리기 위한 자원도 부족하게 된다. 결국 아동의 행동에 변화를 가져오기 위해 할 수 있는 것이 아무것도 없다고 생각하게 되어 교사들은 점차 시도하는 것조차 포기하게 된다(Jablow, 2014).

교사 이직이 학교에 미치는 영향

높은 교사 감소율로 인해 미국의 공립학교들은 연간 70억 달러 이상의 비용을 치를 뿐만 아니라(National Commission on Teaching and

America's Future, 2007) 학교의 조직 구성에도 많은 부정적인 결과가 초래된다(Guin, 2004). 여기에는 학급의 규모와 커리큘럼 계획, 일정 관리, 직원 간의 협력 관계 등이 포함되는데, 이런 문제들은 학교 전체의 운영에 직접적인 영향을 끼치며 수업의 질에도 간접적인 영향을 미칠 수 있다.

높은 이직률은 학교 환경의 모든 측면에 영향을 미치며 학생들의 성공을 방해하는데, 특히 소수 집단에 속하는 입학생 수가 평균을 넘는, 소위 성취도가 낮다고 여겨지는 학교에서는 더욱 그렇다(Ronfeldt, Loeb, & Wyckoff, 2013). 높은 교사 이직률은 학습 환경을 불안정하게 만들고, 교사와 학생, 가족 간에 신뢰 관계를 쌓는 데 필요한 연속성을 끊어버린다. 또 높은 교사 감소율은 아이가 경험 많은 교사와 접할 기회를 줄이고, 교사들이 함께 수업 개선을 도모할 인적 자원을 잃게 하여 학업 성취에 부정적인 영향을 미친다(Simon & Johnson, 2015).

트라우마에 민감한 렌즈를 통해 교사의 스트레스 및 감소 현상 관찰하기

기존의 행동 관리 기법으로는 트라우마를 겪은 아동의 행동에 내재된 복잡성을 제대로 다룰 수 없듯이, 교사 스트레스에 대한 틀에 박힌 설명으로는 아동 집단을 다루는 교사들이 경험하는 정신적 고통의 깊이를 정확히 헤아릴 수 없다. 가르치는 아동이 경험하는 것과 유사한 정도의 고통스러운 감정, 불쑥불쑥 비집고 들어오는 심상 혹은 전반적인 무력감을 교사들이 호소하는 일은 드물지 않다(Hill, 2011). 실제로 트라우마를 겪은 아동과 청소년을 직접 다루는 교육자라면 누구나 공감 피로나 2차 트라우마와 같은 증상에 상처를 입기 쉽다(Abraham-Cook, 2012).

공감 피로나 2차 트라우마의 특징은 무능감과 감정의 피로이다. 이를 경험하는 교사들은 통제가 안 되는 행동을 자주 보이는 아동을 상대할 때, 자신의 감정을 관리하기 위해 필요한 감정적 분리를 유지하는데 어려움을 겪는다.

소진^{burnout} 증상은 시간이 지남에 따라 점점 악화되는데, 이 현상의 원인은 거의 항상 과중한 업무 일정이나 기대치와 역량 간의 불일치 같은 조직적 요인과 연관되어 있다. 공감 피로는 자신이 아무리 노력해도 아동을 돕기 위해 할 수 있는 일이 아무것도 없다고 느낄 때 발생하는데, 이 무력감은 절망감을 촉발하여 삶의 의미에 대한 교사의 믿음에 의문을 품게 만든다. 적절한 개입이 이루어지지 않는다면 공감 피로로 고통받는 교사는 도피 행동이나 만성적 과식, 약물이나 알콜 의존증 등에 빠질 가능성이 높다(Protnoy, 2011).

트라우마를 겪은 아동을 다루는 교사가 다른 서비스직에서 흔히 발생하는 정신건강상의 문제를 일으킬 위험이 있는지를 검토하기 위해 참고할 수 있는 연구는 현재까지도 거의 없다. 하지만 알려진 바로는 여타 트라우마 전문가들과 비교했을 때 교사들은 학생들의 트라우마 증상을 인지하기 위한 훈련을 거의 받지 못하고 있으며, 2차 트라우마로 인한 스트레스를 예방하기 위한 자가 치료 훈련도 사실상 전혀 받지 못하고 있다. 이는 교사의 감소율과 교사 자신의 효과성에도 심각한 영향을 미친다.

훈련의 완충 효과

트라우마의 특성과 트라우마가 아동에게 미치는 영향에 대한 교사의 이해를 높이는 일은 교사가 자신이 맡은 아동의 경험에 대한 대응을 관리하기 위한 중요한 자원이 된다. 트라우마에 대한 이해는 트라우마를 겪은 아이들의 사회적, 학업적 요구에 적절히 대응하는 교사의 능력을 끌어올리는 동시에 교사 자신의 정신건강과 원활한 감정 작용을 안전하게 보호함으로써 교사가 공감 피로나 2차 트라우마 증상을 보일 위험을 크게 줄인다.

트라우마 특화 훈련과 준비의 보호적 특성

트라우마 특화 훈련은 트라우마를 겪은 아동을 다루는 교사의 능력을 기르기 위한 핵심 요소다. 교사가 트라우마의 생물학적 특성과 그것이 뇌내의 화학 작용 및 아동의 발달에 끼치는 효과를 이해하면, 자기보호와 공감을 도모하는 교실 전략을 숙달하는 일이 쉬워진다.

트라우마에 세심한 접근방법을 구현하기 위해 학교는 아동의 잘못된 행동에 대해 스태프들이 내리는 결론들을 신중히 검토할 필요가 있다. 트라우마 이론에서는 양육자와의 관계가 미흡할 때 보이는 저항 행동을 아동이 입는 상처의 징후로 여기며, 이런 행동은 많은 교육자들이 생각하는 것처럼 의지나 목적의식에서 비롯된 것은 아니라고 판단한다. 이러한 패러다임 전환은 교사가 지난날의 어려움을 극복하기 위해 필요한 아동과의 협력 관계를 구축하는 지극히 중요한 첫걸음이 된다. 아동의 저항 행동을 트라우마에 민감한 렌즈를 통해 볼 수 있다면, 기존의 방법으로 일탈 행동을 관리하려고 애를 쓰는 대신 안전하고 견딜 수 있는 정도의 흥분 상태를 회복할 수 있도록 안내하는 개입으로 이어질 수 있다.

다루기 힘든 행동에 대한 교육자들의 인식이 바뀌려면 훈련 과정을 통해 상시적인 기술적 지원을 받을 수 있어야 한다. 이런 교사 훈련에는 트라우마 이론 및 뇌 발달에 대한 철저한 검토뿐 아니라 공감 피로 및 2차 트라우마에 대한 정보 또한 포함된다. 팀 빌딩 활동은 스태프들이 학교의 규칙과 기대치에 대한 의견을 일치시키도록 도와줄 수 있으며, 이 모든 과정에서 특히 중요한 것은 일관된 접근 그리고 모든 스태프들이 찬성할 필요가 있다는 점이다.

기술적 보조 활동은 자신이 배운 것을 교실 활동에 통합시키려 하는 교사의 노력을 지원해준다. 이런 활동에는 소규모 그룹 토론이나 독서 클럽, 관찰이나 1:1 코칭 등이 포함된다.

모든 훈련 주제가 고도의 지원을 필요로 하지는 않는데, 트라우마를 겪은 아동의 요구를 조정하기 위한 최선의 방안을 찾아내기 위한 훈련은 여타 커리큘럼의 훈련 과정에 통합되어 팀 단위의 계획화 훈련에서 적용될 수도 있다.

교사의 역할을 이해하는 것의 이로움

서문에서 언급했듯이, 어릴 적 트라우마 병력이 있는 아동의 교육상의 문제를 다루어내려고 한 초기 트라우마 연구가 실패를 거둔 결과 아동의 회복을 돕기 위해 교사가 할 수 있는 역할은 제한되었다. 그러나 트라우마가 학습에 미치는 영향뿐만 아니라 뇌가 적절한 개입을 통해 스스로 회복하는 능력이 있다는 인식이 확산된 지금, 교사 개입의 수준을 확대하는 일의 타당성은 명백해졌다. 잘 훈련된 교사가 트라우마의 장기적 효과를 완화시킬 수 있는 잠재적 영향력이 있다는 사실은 점점 더 분명해지고 있다. 캘리포니아의 '학교 내의 건강한 환경과 트라우마에의 대응Healthy Environments and Response to Trauma in Schools(HEARTS)' 프로그램이나 매사추세츠의 '가르침과 배움 정책 이니셔티브Teaching and Learning Policy Initiative(TLPI)'(Cole, Brien, Gadd, Ristuccia, Wallance, & Gregory, 2005), 워싱턴 주의 '공감학교Compassionate Schools' 운동(Wolpow, Johnson, Hertel, & Kincaid, 2009)과 같은 계획들은 트라우마에 공감하는 교수법에 아동의 삶을 바꾸는 효과가 있음을 증명하고 있는 대표 주자들이다. 일주일에 한두 번 아동을 보는 임상의들과 달리 교사는 하루에도 많은 시간을 아동과 함께 보낼 수 있으므로 그만큼 유리하다. 그 시간이 안전하고 의도적이며 낙관적인 관계를 만드는 데 사용된다면 더욱 극적인 변화를 가져올 수 있다.

안전한 교사: 두려움이 트라우마를 겪은 아동의 내적, 외적 세계를 지배한다는 사실을 알고 있는 교사라는 아동이 '저속기어'를 넣어 생존 모드로 바꾸거나 '고속기어'를 넣고 반발적이고 공격적인 행동으로 전환하려는 조짐을 찾기 위해 세심히 관찰한다. 그리고 재빨리 안심시키는 제안을 건네거나 자기위로적 행동을 제시하여 아이가 스스로 견딜 수 있는 상태로 되돌아갈 수 있도록 돕는다.

이때 학교 차원에서 합의된 규칙 및 행동 수칙을 모든 스태프들이 충실히 지켜야 하는데, 이러한 일관성은 엇갈린 메시지나 상충하는 행동 기대치와 관련된 혼란이나 스트레스로부터 아동을 보호하기 때문이다.

또한 일정표나 좌석 배치, 하나의 활동이나 환경으로부터 다른 활동이나 환경으로 전환하는 등 학교에서 보내는 일과 하나하나에 예측 가능성이 개발되어 있어야 한다. 그래야 새롭거나 흔치 않은 사건이 발생할 때 아동이 준비할 시간이 주어지고, 혹 일어날 수 있는 불안을 진정시킬 수 있기 때문이다. 교사들은 교육 내용에 대한 소개나 마무리에 의례 절차를 사용할 수 있다. 이런 의례 절차는 아동에게 앞질러 준비하는 반응을 창조할 수 있도록 돕는다. 이러한 도움을 통해 아이들은 자신들에게 무엇이 기대되는지를 확실하게 알고 있다고 느끼게 된다.

의도하는 교사: 트라우마 공감학교의 교사들은 항상 의도적으로 행동한다는 마음가짐을 가지고 있으며, 이는 수업 환경의 모든 측면, 즉 감정의 톤이나 자료 선택, 하루 종일 진행되는 활동의 순서 등에 영향을 미친다. 그들은 스스로가 어떤 일을 왜 하고 있는지를 확실하게 설명할 수 있어야 한다.

교사가 아동과 주고받는 상호작용은 목적의식이 특히 뚜렷하다. 교사와 아동의 상호작용은 교사가 아동으로 하여금 다음과 같은 세 가지 목표를 달성하게끔 돕고자 하는 의지를 내포할 수 있도록 설계된다.

(1)강렬한 감정을 안전하게 관리하는 것. (2)정서적 각성 상태에 직면해서도 추론과 판단 능력을 사용하는 방법을 학습하는 것. (3)자신에게 일어나는 일을 스스로 통제하는 미래를 상상하는 것.

트라우마 공감학교의 교실 담론은 돌보는 어른들이 자기들에게 주목하고 반응해줄 거라는 아이들의 신뢰를 회복시키기 위한 '주고받는' 상호작용의 빈번한 반복을 특징으로 한다.

예측을 하고, 데이터에 대한 가설을 세우며, 팀의 일원으로서 문제를 해결해보라고 요구함으로써 아동의 행위주체 의식과 통제력을 의도적으로 증진시킬 수 있다.

의도하는 교사들은 상시적 형성평가를 사용해 진행 상황 및 학생의 참여를 관찰할 뿐만 아니라 아동의 관심과 우려에 대한 피드백을 끌어낸다. 이러한 평가를 통해 얻어진 데이터는 기대치를 조정하고 전략을 수정하며 아동의 피드백을 교수 설계의 일부로 포함시키는 일에 사용된다.

낙관적인 교사: 앞서 언급했듯이, 어릴 적 트라우마 병력이 있는 아동은 과거에 갇혀 빠져나오지 못한다. 어릴 적 경험을 재현하려는 강박적 욕구는 자신에게 일어나는 일을 주체적으로 통제할 수 있는 미래를 계획하는 능력을 아이로부터 빼앗는다. 교사는 과거의 트라우마로부터 아동을 구해내는 것은 불가능하지만, 더이상 트라우마의 영향이 미치지 않는 먼 곳으로 옮겨주는 일을 도울 수는 있다. 아동이 현재 일어나고 있는 긍정적인 경험에 주목할 수 있도록 격려해줌으로써 교사는 아동의 낙관하는 능력을 증대시킬 수 있다. 이 과정의 일상적 반복을 통해 아동은 부정적 사고를 지속하는 일을 중단하게끔 자신의 뇌를 재설계할 수 있다. 아동은 부정적 사유 대신 긍정적 경험을 찾아 주위 환경을 유심히 살피기 시작하고, 긍정적 감정에 대한 내성을 늘려갈 것이다.

부정에서 긍정으로의 인지적 전환은 부정적 감정에 의해 촉발되는 자동적인 각성 상태를 억제할 가능성을 가지며, 이를 통해 전전두엽 피질을 활성화시키는 것이 가능하다(Tugade, Frederickson, & Barrett, 2004). 아동이 자신의 경험을 판단하는 렌즈를 확대하는 것은 실행 기능과 학업 참여도의 향상으로 이어진다. 평범한 사건들에 긍정적 의미를 불어넣고, 과거 트라우마를 재현하기보다는 현실의 문제에 초점을 맞춰 대처하는 기술을 일상적으로 연마할 수 있다.

교사는 많은 전략을 사용하여 아동이 낙관적 시야를 발달시키는 것을 도울 수 있다. 가령 학급회의를 친절 행위에 대한 서로간의 고마움을 표하는 시간으로 활용한다거나, 고마운 마음을 느꼈던 것들을 기록해두는 '감사의 벽'을 만드는 것 등이 있다. 또한 학교 주변의 노동자들에게 감사 편지를 보내거나, 특정 목표를 달성하거나 개인적인 도전을 극복한 기쁨을 함께 나누도록 아동을 격려할 수도 있다. 요점은 부정성을 반복하려는 힘에 저항할 수 있는 낙관적인 감사의 정신을 길러내는 동시에 아동에게 미래에 대한 희망을 제시해야 한다는 것이다.

트라우마의 전염성 다루기

트라우마가 그 희생자들을 돌보는 사람들에게 어떤 영향을 미치는가에 대해 교사가 이해하는 일은 중요하다. 그렇지 않으면 극도의 피로감이나 2차 트라우마로 인한 스트레스, 공감 피로 등의 증상이 나타날 위험이 상당히 크기 때문이다. 이런 증상들을 방치하면 효과적인 수업을 진행하는 능력에 영향이 가며, 심지어 교사의 행동이 아동의 행동을 닮아가기 시작한다. 분열과 고립의 감정은 사고를 통해 정보를 처리하는 교사의 능력을 저해하며, 과도한 각성 상태는 사소한 위협에도 강한 정서적, 신체적, 인지적 반응이 촉발될 정도로 교사를 위험에 민감하게 만든다. 또 정서적 탈진 상태에 이르러 학생의 행동에 즉각적인 대응이나 처벌 등으로 대처하는 방식에 점점 의존하게 되며, 결국 "자동적이고 주기적으로 계속되는 교실 붕괴"(Jennings &

트라우마 공감학교

Greenburg, 2009, p. 492) 현상을 초래한다.

교육에 있어 교사를 위한 인식력과 회복력 개발하기Cultivating Awareness and Resilience in Education for Teachers(CARE) (Jennings, Snowberg, Coccia & Greenburg, 2011)와 스트레스 관리와 회복력 훈련Stress Management and Resilience Training(SMART) (Cullen, 2007)은 교사의 사회정서적 역량을 개발하기 위한 두 가지 근거 기반 모델이다. 양쪽 모두 주의 깊은 인식을 일상적으로 실천함으로써 교사가 얻는 혜택을 강조한다. 흔히 마음챙김이라 불리는 이 접근법은 실천에 옮기는 사람의 주의력이나 자기인식, 자기연민을 신중하게 단속하는 능력에 관련된다. 이러한 자기관찰은 교사로 하여금 스스로의 정서적 반응의 원인을 알아차리고, 그 원인에 대한 즉각적인 반응을 피할 수 있게 해준다(Abenavoli, Jennings, Greenburg, Harris & Katz, 2013). 뿐만 아니라 교사는 효과적이고 의도적인 방식으로 대응하기 위해 필요한 객관성을 유지할 수 있다(Roeser, Skinner, Beers, & Jennings, 2012). 마음챙김은 교사가 자신의 감정을 관리하고 정서적 반응이 타인에게 어떤 영향을 미치는지를 이해할 수 있게 도와준다.

이 두 프로그램은 마음챙김의 훈련 이외에도 교사로 하여금 정서적 반응도를 감소시키고 행복감을 향상시킬 수 있는 능력에 관한 훈련 또한 제공한다. 여기에는 확고하면서도 예의를 갖출 수 있는 경계를 설정하는 법이나 타인에게 친절하고 헌신하는 행동을 몸소 보여주는 법, 갈등을 관리하는 법 등이 포함된다.

교사 회복력의 증진

회복력 있는 교사들은 여러 도전들에 직면해서도 돌봄을 지속할 수 있다. 강한 회복력을 타고난 사람도 있기는 하겠지만, 본래 회복력은 누구라도 개발할 수 있는 적응 능력이다. 트라우마 공감학교는 이미 알려져 있는 다양한 스트레스 보호 요령을 활용할 기회를 늘려주고, 위험 요인을 최소화하며, 교사가 아동과의 관계를 적극적이고 긍정적인 방향으로 맺을 수 있게끔 마음의 준비를 하도록 해줌으로써 교사의 회복력을 지원한다.

교사 회복력의 요소

교사의 회복력은 하나의 역동적 과정으로서, 또 교사와 환경 사이의 상호작용의 산물로 이해하는 것이 최선이다. 트라우마를 겪은 아동을 다루는 교사들에게 제기되는 위협을 다루어내는 데 특히 효과적인 교사 회복력에는 세 가지 요소가 있다. 첫째, 좋은 대처기술은 아동이 자기의 감정과 행동에 대한 통제력을 얻을 수 있도록 도울 때 교사가 아동의 처지에 지나치게 공감하거나 아동의 거부 행동을 과도하게 개별화하지 않도록 하기 위한 전문적 객관성을 유지하게 해준다. 둘째, 주의력 및 자기인식에 대한 자기조절 능력은 교사가 자신의 감정을 관리하고, 본인의 정서적 반응이 타인에게 어떤 영향을 미치는지 알아차릴 수 있게 한다. 마지막은 아동의 삶에서 변화를 일구어낼 방법을 찾는 일이다. 이는 교사의 자기효능감 또한 회복시켜준다. 이 세 가지 방안을 동시에, 일상적으로 실행에 옮긴다면 교육자로서 일에 충실하고 성공을 거두기 위한 행복감을 지속할 수 있다.

대처기술: 일상적으로 발생하는 문제에 어떻게 대처해야 할지를 아는 것은 회복력이 있는 교사의 주된 특징이다(Parker & Martin, 2009). 그러려면 좋은 문제해결 기술, 즉 사회적 지원을 찾아내고 활용하는 능력을 갖추는 것이 중요해진다. 일정 수준의 불편부당함 또한 필요한데, 교사가 아무리 어려운 상황이더라도 그것을 학습의 경험으로 전환시킬 수 있도록 해야 하기 때문이다. 교사는 자신의 교수 목표가 아동의 저항에 부딪칠 때마다 이 대처 방안을 이용할 수 있다. 그러한 상황에서 변함없이 객관성을 유지하는 능력은 교사가 상황을 평가하고 필요한 변화를 만들어내기 위한 유연함을 갖추게 해준다(Skinner & Beers, in Press). 이런 교사는 힘든 경험을 개별화하는 대신 학생들의 요구를 더욱 정확하게 지각하기 위한 기회로 받아들인다. 교사의 이런 대처는 교사와 학생 누구에게도 아무런 해를 끼치지 않는 방법이다.

자기조절: 자기조절은 자신의 내적 상태를 관찰하는 동시에 자신의 상태에 영향을 미치는 환경에서 무슨 일이 일어나는지를 관찰하는 능력과 중요하게 관련된다. 스트레스를 주는 상황 또는 감정이 격앙된 상호작용에 대한 자신의 신체 반응을 더 잘 알수록, 교사는 이러한 반응들을 더 잘 이해하고 설명할 수 있다. 이를 통해 사려 깊게 반응하는 교사의 능력이 증대된다.

자기조절은 가르치는 행위의 모든 측면에 혜택을 주지만, 아동의 행동 강도를 점차 줄여나가려 할 때 특히 효과적이다. 자기조절은 노골적인 적대적 또는 위협적 행위에 대처할 때 반발 행동을 삼갈 수 있도록 내적 지원을 제공해준다.

자신의 감정과 행동을 잘 조절하면 교사는 본인의 말과 행동이 타인에게 끼치는 영향을 예상할 수 있게 된다. 말이나 목소리 톤을 선택할 때도 교사는 조심스럽게 검토하여 수용감과 유대감을 전달하는 데 전혀 차질이 없게 할 수 있다. 교사는 고도의 계획성을 가지고 자신의 일을 도모할 수 있게 되며, 동시에 충동적인 말이나 행동을 저지를 위험을 피할 수 있다.

아동의 삶에 변화 일으키기

건강한 애착 관계 속에서 양육된 아동은 자신이 맺는 관계 속에서 일정 수준의 상호적 양보를 기대하면서 자랄 수밖에 없다. 자신이 원하는 것을 언제까지나 계속 얻을 수 있는 사람은 아무도 없지만, 회복적 관계에 있는 사람들은 여러 오해로부터 다시 회복할 수 있는 충분한 탄력성을 갖고 있다. 안전한 애착 관계는 아동에게 "집은 언제든지 너를 받아주는 장소"라는 생각을 심어준다(Frost, 1969, p.34).

어릴 적 트라우마 병력이 있는 아동은 이런 안전감이 부족한데, 따라서 또래로부터의 모욕을 지각하면 과잉 반응을 보이며 불쾌함이나 비판을 암시하는 어른의 말에 강한 수치심을 느낀다. 그 결과 이런 아이들은 변화무쌍한 관계들로 이루어진 사회 세계에 적응하는 일이 어려워진다. 그들은 또래로부터도 사회적으로 고립되어 있는데, 또래들이 보기에 이런 아이들은 어딘가 비호감이고 사회적으로 문제를 일으킬 것처럼 보이기 때문이다(Jagadeesan, 2012).

파트너십 형성하기

교사들과의 긍정적 관계는 아동에게 타인과의 회복적 관계를 형성하기 위한 안전감을 습득할 기회를 제공한다. 이 안전감은 주고받는 상호적 관계에 참여하는 데 필요한 자신감을 주고, 아이들이 협력적 관계를 구축하는 활동에 관여할 수 있게 해준다. 신뢰가 생김에 따라 아동은 변화에 대한 자신의 반응을 관리하는 법을 배우고, 마침내 자신의 마음을 사용하여 감정과 행동을 관리하는 데 필요한 기술을 습득하게 된다.

행동의 방향 바꾸기

아동이 느끼는 기분이 무엇인지 인지하고 명명할 수 있다고 해도, 그것은 아동과 서로 신뢰하는 관계를 형성하고 지속하는 데 필요한 요소의 일부일 뿐이다. 교사는 차분하고 존중하는 태도로, 때로는 놀이를 활용하여 아동의 행동을 변화시키는 방법을 알아야 한다. 아동의 행동을 변화시키는 과정에서 중요한 요소가 편안함을 주면서도 교사와의 유대감을 확인시켜줄 수 있는 전략이다. 이 전략에는 아동이 교사와 나누는 관계가 격렬한 감정을 억눌러준다고 안심시키는 일도 포함된다. 교사의 지원은 불편함을 견뎌내어 결국에는 부정적인 감정을 더욱 잘 조절할 수 있도록 아동의 능력을 끌어올린다. 이러한 맥락에서 볼 때, 행동의 방향을 바꾸는 것은 관계를 강화하고 아동의 내면의 힘을 길러주는 기회가 된다고 볼 수 있다.

아동의 행동과 관련된 대화는 사적으로, 교사와 신체적으로 가까운 거리에서, 되도록 눈높이를 맞춘 상태에서 진행되어야 더 안전한 느낌을 준다. 아동의 입장에 서서 이야기를 주의 깊게 들어주고, 능숙하게 선택된 단어를 사용해 왜곡이나 잘못된 정보를 수정해주는 것은 상황의 진전을 돕는다. 마지막 단계는 아동의 잘못된 행동이 끼쳤을 수도 있는 피해를 치유하고, 사건이 재발하지 않도록 계획을 짜는 것이다.

아이들의 마음 변화시키기

아동과 차분하고 애정 어린 관계를 유지하는 일은 아동의 뇌내의 '마인드사이트mindsight'(자신의 부적절한 행동이나 감정을 수정하기 위해 자신의 내면을 관찰, 검토하는 능력.-역주) 조절 회로를 강화한다(Siegel & Bryson, 2014). '마인드사이트'는 주의 집중의 유형 중 하나로, 아동이 자기 마음의 내적 작용을 들여다볼 수 있게 해준다. 교사들은 하루에 몇 번씩 잠시 행동을 멈추고 아동에게 자신의 생각과 감정을 확인할 시간을 주어 자기성찰의 발달을 도울 수 있다. 이러한 '초단기적 뇌 휴식mini brain breaks'은 아동이 자신의 마음 상태를 검토하도록 돕는다. 일상적으로 성찰하는 습관을 숙달하면 아동은 과거의 습관화된 행동을 제거하고 트라우마 재현의 순환을 끊을 수 있다. 마음을 사용하여 자신의 감정과 행동을 통제하는 법을 배우기 시작하는 것이다. 이 정신적, 정서적 변화는 뇌에 물리적 차원의 변혁을 가져올 수 있다. 아동은 자신의 마음 내면의 작용에 집중함으로써 정신건강과 행복감의 유지에 결정적인 역할을 하는 뇌 영역을 자극해줄 수 있다.

교육개혁에 미치는 영향

고도로 훈련된 인적 자원의 충원이 최신 교육개혁의 특징이기는 하지만, 교실 현장에서 직접 가르치는 일로 인해 발생하는 스트레스에 대한 논의는 거의 이루어지지 않고 있다. 좀처럼 사실로 인정받지는 못하지만, 가르치는 일에는 평균 이상의 사회적 역량과 정서조절 능력이 요구된다(Jennings & Greenburg, 2009). 교사 대다수가 트라우마를 겪

트라우마 공감학교

은 수많은 아동과 매일 접촉하고 있음에도 불구하고 그들은 정신건강 기관들로부터 기본적인 지원조차 거의, 때로는 전혀 받지 못한다.

미래의 교육개혁을 위해서는 교사들에게 트라우마를 겪은 아동의 요구에 적절히 대응하는 법을 훈련시켜야 하며, 동시에 교사들이 자신의 정서적 행복감을 보호할 수 있도록 해야 한다. 정기적인 임상 관리와 스트레스 관리를 받을 수 있는 기회는 교사라는 직업으로 야기되는 곤란들을 적절히 다루어내기 위한 지원과 인정을 제공한다.

결론

취학 연령기 아동의 트라우마 유병률이 높다는 것은 아이들과 함께 일할 때 스트레스를 더 경험할 수 있다는 것이고, 또 교사들을 준비시킬 필요가 있다는 것을 의미한다. 트라우마를 겪은 아동을 다루는 교사는 필연적으로 공감 피로나 2차 트라우마로 인한 스트레스를 겪을 위험에 처하게 된다. 교사가 트라우마의 전염성을 이해하도록 훈련하면 트라우마의 부정적 효과를 더 쉽게 이겨낼 수 있게 된다. 교사가 트라우마를 겪은 아동을 성공적으로 참여시키는 법을 배우게 되면 자기 효능감의 상승에 의해 교사의 회복력이 강화된다. 어려운 상황 속에서 아동과 지속적인 작업을 하기 위해서는 교사에게 사회적 역량과 자기조절 능력을 증가시키는 대처 전략을 획득하게 해서 자신감을 배양시켜주어야 한다. 이런 모든 기술이 함께 작용할 때 교사들은 트라우마 공감학교의 주요 특성이라 할 수 있는 낙관주의와 희망을 유지할 수 있게 된다.

관리자가 할 수 있는 일

1. 교사가 학교 공동체에 기여한 바에 대한 인정을 포함하여 구체적인 격려의 피드백을 제공한다.

2. 트라우마 공감학교 공동체의 미래상을 끊임없이 일깨우는 역할을 할 수 있도록 강하고 배려심 있는 리더십을 제공한다.

3. 교사로 하여금 정기적으로 관심 분야의 조사나 회의, 그 밖의 다양한 상시 평가를 사용하여 학생이 주도하는 수업을 설계하고 학생들의 저항을 줄일 수 있도록 격려한다.

4. 마인드사이트 교육연구소(Mindsight Institute for Educators, www.mindsightinstitute. com)에서 개발한 자료를 사용하여 교사의 마인드사이트 활용 능력을 높인다.

5. 정서적 지원이나 유용성이 아이들 개개인에게 얼마나 큰 도움이 되는지에 대한 구체적인 피드백을 교사들에게 제공한다.

6. 다루기 힘든 학생의 행동 관리를 위해 정신건강 전문가들과 협력할 기회를 교사들에게 제공한다.

7. 경험이 풍부한 교사들이 교직에 처음 발을 딛는 교사들에게 조언을 해 주는 일정을 잡는다.

8. 교사의 유지를 위한 지역 단위의 계획에 트라우마 공감 훈련법을 포함시킬 수 있도록 필요한 리더십을 제공한다.

9. 트라우마에 특화된 훈련과 기술적 보조를 제공할 일정을 잡고, 학급 홍보를 준비한다.

10. 스태프들이 규칙과 기대치를 전교생에게 충실히 적용하고 있는지를 검토한다. 필요할 경우에는 미리 알림 회의를 연다.

11. 노래나 표어, 대회 등을 통해 낙관적인 시야를 학교 안에 통합한다.

12. 교사들에게 트라우마에 세심한 접근을 할 때 필요한 사회정서적 역량을 개발할 기회를 제공한다.

교사가 할 수 있는 일

1. 학생의 반항에 공평하게 그리고 참여를 늘리거나 회복시키기 위해 필요한 변화를 만들어내겠다는 의지를 가지고 대응한다.

2. 자기인식을 사용하여 스트레스를 주는 상황에 대한 신체 반응을 검토하고, 학생들에게 사려 깊은 반응을 돌려주는 능력을 기른다.

3. 학생들을 주고받는 상호적 관계에 참여하게 하고, 자신감을 획득할 수 있도록 돕는 협력 구축 활동에 참여시킨다.

4. '효율 일지efficacy journal'를 쓴다. 학급에서 교사의 영향으로 그날 한 명 이상의 아동이 어떤 혜택을 입었는지에 대해 3가지 사례를 5~10분 동안 기록하는 습관을 갖는다. 회복력을 끌어올릴 필요가 있다고 느낄 때 이를 다시 읽어본다.

5. 교사 스트레스와 회복력을 다루는 온라인 전문 학습 커뮤니티(Professional Learning Community)에 참여한다.

6. 아동의 행동을 특정 개인의 현상으로 여기는 것을 피하고, 명상이나 심호흡 등을 통해 객관성과 정서 조절 능력을 유지한다.

7. 도피 행동으로 스트레스를 관리하는 일이 늘어나고 있지는 않은지 관찰한다.

8. 아동이 제어하기 어려운 행동을 보일 때 개인의 문제로 쉽게 단정 짓지 말고 그것을 트라우마로 인한 증상으로 재인식할 수 있도록 노력한다.

9. 아동의 저항 행동을 트라우마에 민감한 렌즈를 통해 관찰하여 공감을 통한 지원을 할 수 있도록 힘쓴다.

10. 합의된 규칙이나 기대치를 전교생에게 적용할 수 있도록 노력한다.

11. 아동으로 하여금 지금 일어나고 있는 긍정적인 경험에 주목할 수 있도록 돕는다.

12. 아동과 함께 계획을 세워 실행에 옮기는 상호작용을 통해 정서 조절 능력과 행위주체 의식을 획득하도록 돕는다.

트라우마 공감학교

8장
진보하는 학교
트라우마 공감학교를 향한 변화 준비하기

변화를 바란다면, 당신이 먼저 그 변화의 주체가 되어라.
—마하트마 간디

이 책과 다른 글들(Cole 외, 2005; Wolpow 외, 2009)
에서 서술되는 트라우마 공감학교의 비전은 오늘날 존재하는 조직화된
학교 문화를 거스른다. 아동의 삶에 있어 트라우마의 만연에 관한 문제
그리고 강압과 무력화에 초점을 맞춘 학생과 교사의 관계 모델 양자를 둘
러싼 투명성 부족은 트라우마 병력이 있는 아동을 위협하는 학교 환경을
만들어낸다. 그 결과 트라우마 재현의 위험뿐만 아니라 서비스 전달체제
(특수교육에서 제공되는 가능한 서비스 형태의 범위를 말하며, 정상 학급에 전적
으로 배치되는 것으로부터 특수 학교나 수용기관의 가장 제한된 환경에 이르는
것을 포함하고 있음.–역주)를 이용할 때 트라우마를 다시 겪을 위험이 증가
한다(Harris & Fallor, 2001).

　　　　이 장에서는 트라우마에 세심한 접근방법을 도입할 때
반드시 요구되는 학교 문화의 몇 가지 변화를 서술할 것이다. 필요한 행
정적 지원에 대한 제안은 물론, 교사들의 지지를 촉구하기 위해 관리자들
이 사용할 수 있는 전략 또한 제공할 것이다. 말미에서는 행동 계획의 수
립에 관해 논의할 것이다. 이때 스태프들이 헌신해야 할 개인적 차원의 변
화에 대한 관점과 학교의 전반적인 개선과 트라우마에 공감하는 변화를
연결 짓는 방식, 두 가지 관점에서 논의를 진행할 것이다.

학교 문화 바꾸기

학교 문화는 구성원들 간에 공유된 의의가 오랜 전통을 통해 반영된 행동 패턴과 문화에 대한 무언의 기대 속에 드러나 있다. 교사와 관리자들은 그들이 사회적인 상호작용을 통해 만들어내고 지속시키는 공통의 서사敍事와 상징적 표현에 기반하여 이 '숨은 교육과정'을 짜맞추어낸다. 이중 일부는 축적된 지혜('이 부분을 어떻게 처리할 것인가?'에 대한 해답)로 귀결되지만, 어느정도 무의식적인 가정이나 행동, 믿음으로 귀결되기도 한다. 여기에는 아동의 잘못된 행동을 유발하는 요인은 무엇인가, 규정 위반에 대한 교사의 적절한 대응은 무엇인가, 또 아동의 생활환경은 그의 학업 및 사회관계의 숙달에 어떠한 영향을 미치는가에 대한 믿음 등에 대한 가정들이 포함된다.

트라우마에 공감하는 모델로 이행하는 과정에서 변화시켜야 할 학교 문화의 측면에는 아동의 교육 실패에 트라우마가 미치는 영향에 대한 끈질긴 부정, 최초 트라우마의 주된 특징을 이루는 피해 반복 패턴을 부주의하게 촉발하는 현재의 학생 참여 모델 그리고 행동의 문제를 가진 아동에 대한 서비스 전달 등이 포함된다.

트라우마가 교육 실패에 끼치는 영향에 대한 부정에 맞서기

학교의 문화규범은 관리자와 교사들이 갖고 있는 학교 환경에 대한 전반적인 가치관과 믿음을 반영한다. 기존의 규범들은 과학이 아니라 아동 및 학습에 대한 직관적 이론 또는 "보통 사람의 교육학folk pedagogy"에 근거를 두고 있다(Bruner, 1996). 이러한 가정들은 은연중에 작용하는 것이어서 의식적으로 알아채고 있지 않더라도 교사가 아동을 대하는 태도를 결정하는 데 강력한 영향력을 발휘한다.

아이들은 순수하며 존재의 저속한 측면에 대해 무지할 것이라는 믿음은 교사가 아이들의 삶에 트라우마나 역경이 만연해 있다는 사실을 받아들이기 힘들게 만든다. 마찬가지로 아동은 제멋대로여서 바로 잡아줄 필요가 있다는 믿음을 가지게 되면 아동의 저항 행동이 양육자로부터 받은 상처에서 기인한 것이라는 인식을 받아들이기 어려워진다. 이런 잘못된 믿음들과 그 믿음에서 비롯하는 행동들을 자각하여 해결하지 않는다면, 트라우마에 세심한 접근법을 위협하는 잠재적 걸림돌이 될 수 있다.

　1장에서 언급했듯이, 아동의 삶에 있어 역경과 어릴 적 트라우마가 만연해 있음은 이미 충분히 입증되어 있다. 학교들이 문제의 심각성을 인정하고 그 해결을 약속하기 전까지는 여타 교육개혁 계획들의 실패는 계속될 것이다. 트라우마는 단순한 정신건강상의 문제가 아니라 교육 전체 차원의 문제이며, 제대로 다루어내지 못하고 방치하면 수많은 아이들을 학업 성취의 길에서 탈선시킬 수 있다.

행동 장애를 가진 아동을 위한 서비스 전달

어릴 적 트라우마와 아동의 신경 발달 및 자기조절 능력 사이의 관계에 대한 지식이 향상되면서, 저항 행동을 하는 아동을 돕기 위한 기존의 노력들이 헛다리를 짚고 있었다는 것이 분명해지고 있다. 이는 공격적이고 제어하기 어려운 아동의 경우 특히 더 그러하다. 트라우마를 겪은 아동을 위한 효과적 개입에 대한 정보가 부족하면 아동을 특수교육 시설이나 대안학교에 위탁하는 것이 유일한 선택지로 보일 수도 있다. 하지만 이러한 전달 서비스와 이에 결부된 꼬리표 달기, 오명의 낙인은 무력감과 절망이라는 아동의 내적 경험을 가중시킬 뿐이다. 보통의 또래로부터 분리된 그들은 적절한 행동을 학습하는 것이 불가능하게 되지만(Kauffman & Badar, 2013), 그들을 조절장애로 몰고 가는 핵심적 사안들은 여전히 해결되지 않은 채 남아 있다(Perry, 2006).

트라우마 공감학교는 기존 모델들이 보여준 분리나 배제의 경향에 반대한다. 대신에 형성평가와 단계적 개입을 통해 지속적인 피드백 회로를 만들어내어 학생의 요구와 교사의 즉각적 대응을 연결하고자 한다. 교사와 관리자들은 갑작스러운 트라우마의 표출을 알아차리고 언제든 기꺼이 위안과 지원을 제공할 수 있도록 훈련을 받는다. 자기성찰과 자기관찰을 일상화할 기회가 하루 종일 주어지는데, 블록타임 수업이 시작될 때 호흡 조절이나 새로운 스트레스 관리 기법을 모델화하는 등의 방식을 통해 가능하다. 수업 시간의 마지막 5분을 사용하여 학생들에게 해당 주제에 대한 사전 지식과의 연관성에 대해 토론해 보라고 한다든가 수업 내용을 일상생활에 활용할 수 있는 방법 두세 가지를 빠르게 적게 하는 방법 등으로 자기관찰을 일으키는 것도 가능하다.

재현 삼각형

트라우마에 의해 구조화된 시스템에서 나타나는 관계의 주된 특징은 "재현의 삼각형reenactment triangle"이라고 지칭할 만하다(Bloom & Farragher, 2013, p. 91). 이 표현을 학교에 적용해보면, 구조자-희생자-박해자의 재현 역학에서 아동과 교사가 맡는 역할 이동을 알기 쉽게 설명할 수 있다. 이 역학관계는 대체로 무의식적인 과정으로, 어릴 적 트라우마 병력이 있는 아동이 교사를 과거 트라우마 경험의 박해자로 치부해버리며 몰아세우거나, 아니면 이미 바꿀 수 없게 된 과거로부터 자기를 구조할 구조자의 위치에 두려 할 때 작동된다(Farragher & Yanosy, 2005).

재현 행동은 학생을 참여시키려는 교사의 노력이 부주의하게 트라우마의 기억을 불러옴으로써 촉발된다. 물리적 접근이나 큰 소리를 내는 등의 행동은 트라우마 기억과 결부된 감각 반응을 자극하기 쉽다. 비판이나 못마땅한 기색은 수치심을 느끼게 하며, 권위주의적 태도나 불공정한 결과는 분노를 유발할 수 있다. 아무리 노련한 교육자라 하더라도 이런 반응의 강도에는 놀라지 않을 수가 없을 정도다. 그들은 돌발적인 분노의 분출에 대하여 아동에게 화가 날 수도 있고, 억제할 방도를 모르는 자신에게 화가 날 수도 있다.

트라우마 공감학교의 스태프들은 자신을 "현재가 아닌 과거의 사건과 관련된"(Bloom & Farragher, 2013, p. 98) 아동과의 반복되는 상호작용으로 끌어들이는 재현 삼각형의 위력과 원리를 이해하도록 훈련을 받는다. 그들은 아동의 행동을 단계적으로 줄이는 방법뿐만 아니라 과거의 트라우마를 재현하려는 아동과 마주할 때 거리를 유지하는 방법 또한 알고 있다. 이처럼 아동이 스트레스를 받고 있을 때 이를 인지하여 아동을 현실에 기반한 자기위로 활동으로 되돌려줌으로서 앞으로 계속 나아가도록 할 수 있는 것이다.

목표를 특정한 필수적 행정리더십과 지원

교장을 비롯하여 스태프의 50%를 교체할 필요가 있는 여타 교육개혁 계획들과는 달리, 트라우마 공감학교로의 전환은 '180도 방향 전환'이나 '변혁적인 과정'을 수반하지 않는다. 다만 전환을 위해서 트라우마 공감학교의 비전을 설파하고 지속할 수 있는 리더십은 필요하다. 이 리더십은 교사의 시야와 기여도에 대한 진정한 관심을 행동을 통해 보여주는 포괄적인 것이어야 한다. 관리자와 스태프들 간의 탄탄한 협력적 파트너십은 시스템 전반의 변화를 도모하는 시도에 반드시 수반되는 반대와 저항을 극복하는 데 필요한 지원을 제공한다.

비전을 설파하고 지속시키기

트라우마 공감학교가 성공적으로 발전하기 위해서는 관리자들이 밑바탕에 놓인 패러다임의 근본적인 전환에 대해 이해할 필요가 있다.

그들이 트라우마에 세심한 접근법의 비전을 확실하게 표현할 수 있다면, 스태프들은 계속 집중하여 변화가 충실히 구현되는지를 살필 수 있을 것이다(Simon & Johnson, 2015).

트라우마 공감학교의 비전은 학교 안에 있는 모든 이들의 안전을 담보하는 협동의 관계망이다. 트라우마 공감학교는 과거의 상처가 치유되고 미래의 도전들에 대한 준비가 이루어지는 안식처이며, 이곳의 어른들은 언제나 곁으로 다가와 감정을 추슬러주고 자신의 감정과 행동을 단속하려는 아동의 노력을 응원해준다. 자기상自己像을 다시 쓸 때 트라우마의 경험들은 더 넓은 맥락의 돌봄과 긍정적 경험 안에 통합된다. 빈번히 주어지는 자기성찰의 기회는 스태프와 학생 모두가 앞으로 나아가기 위해 필요한 회복력을 길러주는 유연함과 용기를 유지할 수 있도록 돕는다.

관리자들은 이 모델이 전제하고 있는 교사들의 정서적 가용성과 협동을 구현하는 데 필요한 구조들을 만들어냄으로써 이 비전을 지원할 수 있는데(Borman & Dowling, 2008), 다음과 같은 것들이다. (1)공통의 기획설계 시간을 위한 일정표를 짜고, (2)지역 정신건강 기관들과의 파트너십을 구축하며, (3)아동의 트라우마 증상을 교실 범위 안에서 관리하는 데 필요한 코칭을 받을 수 있게 하고(Spillane, Hallett, & Diamond, 2003; Warren, 2005), (4)교사가 단계적 개입 팀 회의에 활발하게 참여할 수 있도록 적절한 비용 지원을 제공한다.

포괄적 리더십의 일상적 실천

트라우마 공감학교의 협력적 특성, 나아가 이 학교가 요구하는 근본적 변화가 실현되기 위해서는 관리자들이 동료 간의 협력 관계 및 또래 지원을 장려하는 전문적 학교 문화를 만들어낼 필요가 있다. 이런 식으로 교사의 사회적 근무 여건을 개선하는 것은 장기적 목표를 달성하는 데 있어 교사들의 찬성과 협력을 지속되게 해준다.

교사들은 관리자들이 솔선하여 학교 변화를 위한 방향을 설정해 주기를 기대하며(Johnson 외, 2013), 또한 문제를 찾아내고 가능한 선택지들을 탐색하며 의미 있는 결정에 기여하는 과정에 참여하기를 원한다.

변화의 계획이 무엇이 되었건 그 실현을 결정짓는 것은 교사가 원칙이라는 씨앗들을 일상화된 교실 수업이라는 토양 속에 심는 일에 얼마나 헌신하는지에 달려 있다. 이러한 결정은 관리자들이 교사의 생각에 얼마나 기꺼이 귀를 기울이고 교사를 변화 과정의 파트너로 끌어들이려 하는가에 대한 교사의 인식에 근거하여 이루어진다(Bryk, Sebring, Allensworth, Luppescu, & Easton, 2010. Johnson, Reinhorn, Charner-Laird, Kraft, Ng, & Papay, 2014). 공동 소유 의식이 없을 때, 변화는 더디고 지속 불가능할 것이다.

변화에 대한 저항 관리하기

변화는 언제나 저항에 부딪힌다. 변화가 개선을 불러올 때조차 친숙한 방식을 포기하는 것은 어렵다. 그러나 저항에도 여러 수준이 존재한다는 것을 알아채는 것이 중요하다. 얼리 어답터early adapter들은 변화를 재빠르게, 열렬히 환영하여 다른 이들이 새로운 아이디어를 따를 수 있도록 자극을 제공하는 경우가 많다. 그런가 하면 변화 과정의 선두에 서지는 않지만 기꺼이 위험을 감수하며 새로운 일에 관여할 기회를 환영하는 이들도 있다. 또 다른 그룹은 두고 보면서 무슨 일이 일어나는지 살핀 다음 이런저런 약속을 한다. 이런 사람들은 제안된 변화들이 성공을 거두면 그제야 처음부터 그것을 지지했다고 주장한다. 혁신이 실패로 돌아가면 이들은 재빨리 '그러게 내가 뭐랬어'라고 말한다. 마지막 그룹은 '절대로 안 돼'라고 말하는 사람들로 구성된다. 이들은 도저히 변화할 수 없는 사람들이다. 어떤 조직이든 이 범주에 해당하는 사람들은 불과 5%에 불과하기는 하지만, 관리자들이 그들을 설득하여 자기편으로 끌어들이려고 너무 많은 시간을 쓸 경우 변화 과정 전체를 탈선시킬 수도 있다.

효과적인 변화는 관리자가 얼리 어답터들이나 위험 감수자$^{risk\ taker}$들이 제공하는 지지와 노력에 대한 보상과 강화를 해주는 조직에서 일어난다. 그런 다음 관리자들은 필요한 임계량에 이를 때까지 태도가 모호한 사람들의 요구를 돌볼 수 있다.

트라우마 공감학교의 접근방법을 학교 전체 차원에서 실현하기 위한 변화들을 일구어내는 일은 관리자들이 계획을 지지하는 그룹들에게 유인책을 제공하고, 이를 통해 그들의 헌신을 강화할 수 있을 때 성공적으로 일어난다. 어릴 적 트라우마 병력이 있는 아동에게 도움을 줄 수 있다는 인식은 많은 교사들에게 의미 있는 유인책이 된다. 트라우마 공감학교에서 근무함으로써 제공받는 추가적인 훈련의 기회를 높게 평가하는 교사들도 있을 수 있다.

태도가 모호한 교사들은 자신이 어릴 적 역경을 겪은 아동의 행동 상의 문제를 다루는 데 필요한 준비를 갖추고 있지 못하다고 느끼는 경우가 흔하다. 요구되는 변화를 일으킬 만한 역량이 부족하다는 인식을 이유로 반대하는 사람들이 있는가 하면, 새로운 기대치로 인하여 교사의 역할이 지나치게 확장되어 불편하다고 느끼는 사람들도 있다.

교사들이 원하는 것이 자신이 맡은 아동의 소란스럽거나 수업을 방해하는 행동에 의해 자신들이 미루어 판단되는 일이 없을 것이라는 보장이라는 점을 알아채는 관리자들도 있다. 이런 이들에게는 트라우마에 세심한 접근법의 주된 특징을 이루는 협동의 정신을 환기시켜주어야 한다. 교사와 관리자는 팀으로 일한다. 그들은 서로에게 의지하여 저항 행동을 하는 아동에게 도움의 손길을 건네고, 상황을 개선하기 위한 새로운 발상을 제의한다. 주저하는 교사에게 이미 트라우마에 세심한 접근법을 사용하고 있는 학교를 방문할 기회를 주는 것이 유용한 방법이라고 생각하는 관리자도 있다. 여전히 불안해하는 교사들에게는 코칭과 지원을 계속 제공하여 교육 계획을 온 마음으로 수용하는 데 필요한 자신감을 쌓게 할 수도 있다. 대부분의 교사들은 동료 간의 협력이 이루어지는 방식으로 진행될 수 있다면 트라우마에 공감하는 실천 방법의 씨앗을 교실 안에 심는 일이 자신들에게도 가능하다는 것을 깨닫기에 이른다. 또한 어릴 적 트라우마 병력이 있는 아동만이 아니라 모든 아동이 이러한 실천을 통해 혜택을 누리게 된다는 것도 깨닫는다.

실현을 위한 행동계획 만들어내기

트라우마 공감학교로 전환해나가기 위해서는 시스템 전반에 걸친 광범위한 변화가 필요하다. 관리자와 교사들은 어디에서부터 시작해야 할 것인지를 고민하곤 한다. 어느 학교에서든 트라우마 공감학교로 서서히 옮겨가기 위해서는 교육적, 기술적 지원을 제공해야 한다는 것은 두말할 필요도 없는 사실이다. 그러나 각 개인들은 필시 서로 다른 출발선에서 대화에 참여하게 될 것이다. 이런 시작점을 찾아내는 것이 지속적인 변화를 위한 행동 계획을 펼쳐나가는 데 있어 중요한 첫걸음이 된다.

현재 상태 평가하기

트라우마 공감학교라는 목표를 가장 잘 달성하려면 포괄적 리더십을 위한 헌신이 존재할 수 있는 지역구 수준에서 이루어져야 한다. 하지만 필요한 변화들을 도입하기 위한 초기 결정은 학구學區 단위에서 내려지므로, 트라우마 공감학교의 필요성에 대한 인식을 제고하는 작업은 보통 학구 전체 차원에서 진행되는 전문성 개발 연수의 형태를 취한다. 때론 초기 훈련을 위해 트라우마에 세심한 접근방법을 개괄적으로 제공하고 그것이 학생들에게 가져오는 혜택에 대해 설득하는 일을 능수능란하게 할 수 있는 외부 컨설턴트의 도움을 받기도 한다. 이로부터 교장과 현지 학교의 지도부들은 각 학교만의 특별한 행동계획을 만들어낼 수 있다.

행동 계획의 수립 과정

행동 계획 수립은 어떤 트라우마에 공감하는 전략이 이미 실행되고 있는가를 평가하는 것에서부터 시작한다.

그림 8.1은 트라우마에 세심한 접근방법을 설명하기 위해 이 책이나

　　　　　　　　　　　　　　　　　　트라우마 공감학교

다른 글들(Cole 외, 2005; Wolpow 외, 2009)에서 기술되고 있는 트라우마 공감학교의 아홉 가지 특징을 나열하고 있다. 이 표의 목적은 스태프 개개인이 사용하고 있는 트라우마에 세심한 접근법을 일상화할 방안들을 확인하고, 나아가 학교 전체 차원에서 일반화하기 위한 최선의 방법에 대한 논의를 시작하는 것이다.

구성요소	존재	약간존재	필요함
① 트라우마에 세심한 접근법이 필요하다는 것을 학교 차원에서 알고 있음.			
② 트라우마에 세심한 접근의 구현 방법을 스태프들에게 확실히 주지시키기 위해 정기적인 교육과 코칭을 제공함.			
③ 아동의 양육권 문제와 관련하여 엄격한 비밀 유지의 필요성을 이해하고 있음을 보여주는 방침과 절차들이 적절히 적용되고 있음.			
④ 안전과 지원을 보장하기 위한 공동보조 관계망이 적절히 구축되어 있음.			
⑤ 단계적 개입 시스템이 적절히 적용되고 있음.			
⑥ 구현을 지원하기 위한 구조들이 적절히 작동하고 있음(함께 계획을 짜는 시간, 지역 정신건강 기관들과의 파트너십, 단계적 개입 회의를 위한 경비 지원 등).			
⑦ 아동의 신경 발달을 촉진할 수 있는 차별화된 교수 설계를 사용하고 있음.			
⑧ 긍정적 행동 개입 및 지원(PBIS)과 사회정서적 학습(SEL) 모델로부터 제시되는 추천 방안들을 조합하는 교실 관리 기법을 사용하고 있음.			
⑨ 일상에서의 스트레스 관리 활동들이 하루 단위로 통합되어 있음.			

그림 8.1 트라우마 공감학교의 구성요소

평가 과정을 마치면 완전한 실현을 위해 필요한 변화들에 관련된 결정을 내리게 된다. 이때 중요한 것은 다음과 같다. (1)모델의 구성요소들을 다루는 순서를 결정한다. (2)각 구성요소마다 적절한 목표와 기준점을 설정한다. (3)추가로 필요한 자원을 확인한다.

이런 엄청난 변화는 금세 이루어지지 않는다. 학교는 구성요소마다 별도의 과제와 시간표를 정하여 3년에서 5년에 이르는 실현 계획을 짜야 한다. 이러한 방식은 트라우마에 세심한 접근법을 반영하는 변화들을 일상적 교실 활동 안에 확고히 뿌리내리게 할 시간을 준다. 이런 점진적인 변화들은 결국 규범화되어 학교 문화에 영구적 변화를 가져온다.

트라우마에 공감하는 변화와 학교 개선 목표들 연관 짓기

학교 차원에서 진행되는 트라우마에 세심한 접근법을 구현하기 위한 변화들은 교사가 일상적으로 하는 일들에 직접적인 영향을 미친다. 이러한 변화들 가운데는 교사가 소중히 여기거나 편안함을 느끼는 가치 및 행동 패턴과 결별할 필요성을 제기하는 것도 있다. 권위주의적인 행동 관리 모델에 의존해 학생들로부터 최선을 이끌어내려고 하는 교사들은 트라우마 공감학교가 선호하는 보다 협력적인 방법을 생활화하기 위해 자신의 오랜 신념과 결별하는 것이 어려울 수도 있다. 조용한 교실을 선호하는 교사들은 학생들의 집단 작업에 뒤따르는 수다와 소음을 불편하게 느낄 수 있다. 또한 트라우마에 세심한 접근법으로의 점진적인 변화는 교사의 역할을 아동의 정서적 행복감이나 정신건강에 대한 책임까지 포함하는 것으로 확대시키고 이를 위해 추가적인 훈련과 교수 방식의 변화를 요구하는데, 교사들 가운데는 이러한 일이 자신들이 '계약한 범위'를 넘어선다고 느끼는 사람도 있을 수 있다.

만약 이러한 역할 변화가 아동의 성취도나 자신의 직무 만족도 증가와 연계될 수 있다면 교사들이 받아들이기가 더 쉬워질 것이다. 트라우마에 세심한 접근이 설정하는 기준점들을 이미 합의된 학교 개선 목표들에 통합할 수 있다면 교사들을 계속 헌신하도록 만드는 데 도움을 줄 수 있다. 수업 참여도의 개선, 수업 방해 행동의 감소, 괴롭힘 건수의 하락 등 작은 성취들을 격려해주는 것도 교사의 의욕을 독려하는 방법이다. 이는 관리자들이 개선 사항들을 트라우마에 공감하는 실천 사례의 증가와 연관지어 생각할 수 있을 때 가능하다.

진척 상황 검토하기

어떤 행동 계획에서든지 평가는 중요한 요소이다. 평가는 계획이 의도한 대로 실현되었는지, 예상했던 결과가 달성되었는지 여부를 판단하는 데 도움이 된다. 진척 상황을 검토해줄 외부의 평가 기관에 의지할 수도 있지만, 비용이 덜 드는 다른 대안들을 찾는 것도 가능하다. 학교 전체 차원에서 진행되는 트라우마에 세심한 접근법의 진척 상황을 평가하는 데 적절한 방법은 이행 과정을 검토할 팀을 새로 조직하는 것이다. 이 팀은 각기 다른 위치에서 일하는 학교 스태프들로 구성되어야 하며, 이들의 목적은 (1)계획의 구현 과정을 검토하고 (2)인사상의 변동이나 그 밖의 예기치 못한 사정에 기인한 변화들에 대한 적합한 권고를 주며, (3)결과가 기대했던 대로인지 여부를 판단하는 것이다.

트라우마 공감학교의 경우, 성과의 측정은 학생의 수행평가에서 일어나는 변화를 통해 간접적으로 이루어진다. 이때 각 지표들의 확인은 그들의 어릴 적 트라우마 병력에 대해 알려진 사항에 근거하여 진행된다. 사회적 역량의 변화를 제외하면, 이를 위한 대부분의 데이터는 현재 보유하고 있는 자료에서 도출될 수 있다. 학업 참여(출석률 개선, 지각 회수 감소), 행동(교무실 호출, 정학, 특수 교육이나 3단계 개입으로의 회부 등의 회수의 감소), 성취(표준화된 시험 점수와 학급활동 수행평가 점수의 향상) 등이 그러하다(Cole, Eisner, Gregory, & Ristuccia, 2013).

사회적 역량은 "타인과 잘 어울려 무리를 이루고 건설적으로 행동하는 데 필요한 일련의 광범위한 기술들"이라고 정의된다(Child Trends, 2015). 사회적 역량을 측정하기 위해 흔히 동료 평가 시스템이나 공개 추천 같은 방법이 사용되고는 있지만, 차일드 트렌즈Child Trends에서는 타인의 관점을 취할 수 있고, 또래들과 잘 어울려 일하며, 공격적으로 되지 않고도 문제를 해결하고, 상황에 걸맞은 방식으로 행동할 수 있는 능력을 측정하는 설문조사를 분기마다 실시할 것을 권한다(Child Trends, 2015). 사회적 역량과 학업적 성공이 밀접하게 연관되어 있음을 감안한다면, 쉽게 수집할 수 있는 이런 데이터들은 트라우마에 공감하는 실천을 구현하기 위한 요소로서 학생들이 보여주는 진척도를 검토할 더없이 귀중한 자료가 될 수 있을 것이다.

교육개혁에 끼치는 영향

트라우마에 세심한 접근법을 도입하는 과정은 학교 공동체의 모든 구성원들 간의 긴밀한 협동이 요구되는 시스템 전반의 변화를 수반하는

트라우마 공감학교

일이다. 하향식으로 구현되는 여타 개혁 조치들과 달리, 트라우마에 공감하는 실천에 열성을 쏟는 접근을 위한 패러다임의 전환은 너무나 심오하고 근본적인 것이어서, 성공을 거두기 위해서는 팀 단위의 접근이 필요하다.

　교육적 실천의 주요 원리들 중에는 트라우마 공감학교가 갖고 있는 철학의 도전으로 인해 풀어야 할 과제가 생겨나는 영역이 있기도 하지만 반대로 강력한 원군을 얻는 원리들도 있다. 도전은 주로 계획한 바의 구현이 행동주의를 넘어 아동의 정서 발달에 대한 더 나은 이해를 아울러야 하는 행동 관리 및 규율의 영역에 대해서 제기되고, 지지를 보내는 대상은 개별화 수업이나 문답식 지도와 같은 최선의 교수 방안이다. 이런 방안을 사용하여 교육 실천이 이루어질 수 있다면 교사들은 뇌의 가소성을 활용하여 아동으로 하여금 트라우마적인 과거를 극복하는 데 필요한 회복력을 기르도록 도움을 줄 수 있다.

결론

트라우마 공감학교 운동의 목적은 트라우마에 공감하는 태도를 학교의 문화와 그 실제 안에 확고하게 자리잡도록 하는 것이다. 성공 여부는 관리자들이 트라우마 공감학교에 대한 명쾌한 비전을 명백하게 설명하고, 필요한 협력과 지원을 가능케 하는 구조들을 안착시킬 수 있느냐에 달려 있다. 교사들이 서로를 변화 과정의 중요한 파트너로 지각하면 할수록, 완벽한 실현을 지원할 가능성이 그만큼 커진다. 주의 깊게 계획을 입안하고 진척 상황을 검토하면 트라우마에 공감하는 원칙들을 아이들의 학업 및 사회관계의 숙달을 개선하기 위해 힘쓰는 더 넓은 학교개혁의 틀 안에 통합시킬 수 있다. 투표권을 박탈당한 아동의 권리에 대해 지속적으로 옹호하는 것과 그들의 요구를 방치하거나 무시했을 때 아동이 맞닥뜨릴 위험에 대해 인식하는 것은 교육의 공평성을 논하는 모든 자리에서 다루어내어야 할 근본적인 사안들로 떠오르고 있다.

관리자가 할 수 있는 일

1. ACE 설문을 사용하여(부록B 참조) 특수 교육 기관으로 넘겨지는 아동의 기록 검토를 방향성 있게 이끌 수 있도록 한다. 만약 ACE 점수가 3 이상인 경우라면, 개입을 계획할 때 트라우마가 학습에 미치는 영향에 대한 검토를 포함시킨다.

2. 특수교육에 넘겨지는 횟수를 검토한다. 회부가 이루어질 때마다 수준별로 시도되는 단계적 개입에 학생의 성공적 수행에 미치는 효과를 입증할 수 있는 문서 작업이 수반되고 있는지를 반드시 확인한다. 이런 정보가 포함되지 않았으면 확인을 요청하고 나서 회부를 진행시킨다.

3. 교사들에게 학생의 잘못된 행동을 단계적으로 줄이기 위한 직무 연수를 제공한다. 그들과 함께 참가하여 필요할 때는 당신이 찾아와 도와줄 것임을 알 수 있도록 한다.

트라우마 공감학교

4. 트라우마 반응을 촉발할 수도 있는 행동을 하는 교사들에게 재현은 어떻게 효력을 일으키고 트라우마에 세심한 접근법을 사용하여 어떻게 하면 좀 더 효과를 거둘 수 있는지에 관하여 다루는 1:1 코칭을 제공한다.

5. 트라우마 공감학교의 필요성에 대한 인식 제고를 위해 학구 단위의 관리자들과 함께 작업하여 포괄적 직무연수 계획을 개발한다.

6. 학구 단위의 관리자들과 함께 트라우마 인식 및 트라우마 공감학교를 주제로 한 직무연수를 제공할 수 있는 컨설턴트들을 선발, 고용한다.

7. 트라우마에 세심한 접근법이 설정하는 기준들을 전반적인 학교 개선 계획들에 통합하는 과정을 촉진할 수 있도록 조력한다.

8. 교사와 공동으로 과정 검토process monitoting와 학생 성과목표를 포함하는 평가 계획을 개발, 구현한다. 두 유형의 데이터 모두가 수합될 수 있도록 일정표를 짠다.

9. 건물 도처에 트라우마 공감학교의 비전 선언문을 게시한다. 직원회의 시간을 활용하여 비전 선언문의 한 소절을 선택하여 주의를 모은 뒤 그 요소가 어떻게 보이고 들리는지 매일 브레인스토밍을 한다.

10. 교사들의 직무 일정이 계획대로 이행되는지를 검토한다. 공동 계획 입안이나 단계적 개입 회의에 참여하기 위한 그들의 시간이 돌발 사태나 반복되는 수업 중단에 빼앗기는 일이 절대 없도록 한다.

11. 교사들의 직무 수행을 감독하는 상위 관리자들에게 편지를 보냄으로써 트라우마에 세심한 접근방법을 구현하는 일에 대한 교사들의 공헌을 잘 알고 있음을 보여준다.

12. 힘겨운 사태로 비화될 수도 있었던 상황을 그들이 어떻게 다루어냈는가에 대해 관찰한 구체적 피드백을 제공하여 트라우마에 세심한 접근법을 구현하는 스태프들의 자신감을 북돋아준다.

교사가 할 수 있는 일

1. 교수 설계와 학생 행동 분석을 할 때 증거에 근거한 방안을 사용하는 횟수를 늘리도록 힘쓴다.

2. 갑작스러운 트라우마의 표출을 어떻게 알아차릴 것인가를 학습하는 일에 힘쓴다.

3. 자기성찰과 자기관찰을 실천할 기회를 일상 활동에 통합하는 일에 힘쓴다.

4. 아동들이 스트레스를 덜고 기분이 나아지기 위해 교실 안에서 사용할 수 있는 자기위로 행동을 찾아낼 수 있도록 돕는다.

5. 단계별 지원 팀의 회의에 적극 참가하여 함께 계획 입안을 준비한다.

6. 함께 계획을 입안하는 시간의 일부를 사용하여 트라우마에 세심한 접근의 씨앗을 교실에서의 일상 활동 속에 심기 위한 전략을 개발한다.

7. 관리자에게 정신건강 기관의 지원을 가장 잘 이용할 수 있는 방법에 관한 피드백을 제공한다.

8. 동료와 함께 작업하여 트라우마를 겪은 아동과 함께하는 데서 오는 영향을 정상으로 되돌리는 학교 문화를 만들어낸다. 이것은 교사들 자신의 삶과 일에서 받는 영향들을 다루어내는 데 필요한 지원을 제공한다(Rosenbloom, Pratt, & Pearlman, 1995).

9. '트라우마 공감학교의 구성요소(그림 8.1)' 양식을 사용하여 현재 학교에서 구현되고 있는 요소들을 확인한다.

10. 당신의 학교에서 진행되고 있는 행동계획 수립 과정에 적극적으로 참여한다. 다른 이들과 함께 작업하여 우선순위와 과제, 시간표에 대한 합의에 도달하도록 한다.

트라우마 공감학교

11. 트라우마 공감학교로 성공적으로 이행하기 위해 감내해야 할 낡은 믿음과의 결별 또는 역할 확대 문제들에 대하여 깊이 생각해본다.

12. 이행 과정을 모니터하는 팀의 일원이 되거나 동료와 협력하여 학교에서 시험적으로 사용해볼 수 있는 아동의 사회적 역량을 재는 척도를 찾아낸다.

부록 A

교사 연수를 위한 자료

다음 목록은 트라우마 공감학교 및 이와 관련된 문제들에 대한 정보를 제공하는 다양한 연수 자료들을 확인할 수 있는 링크들이다. 자료에 대한 간략한 설명과 웹페이지 주소가 첨부되어 있으며, 이 목록은 정기적으로 업데이트되므로 www.acesconnection.com을 방문하여 Resource Center를 확인하기 바란다.

튼튼한 사회가 튼튼한 아이를 기른다(PPT):

www.slideshare.net/JLFletcher/strong-communities-raise-strong-kids

애리조나 아동 학대 예방 지역협의회(2011)는 이 PPT를 만들어 주 내의 많은 지역 사회들에게 보여주고 있다. ACE 관련 연구와 뇌 연구, ACE 예방 실패에 따른 지출 비용, 각 가정과 지역사회가 ACE 예방을 위해 회복력을 길러줄 수 있는 방법 등을 살펴볼 수 있다.

아동기 역경의 내러티브(PPT & PDF):

www.cananarratives.org

노스캐롤라이나대학, 듀크대학, 샌프란시스코에 있는 캘리포니아대학, 뉴욕의 뉴 스쿨의 내과의사와 ACE 전문가들은 보건의료 종사자들이 정책 입안자들과 대중들을 위한 ACE 관련 교육을 할 때 활용할 수 있는 약 50 개 슬라이드로 구성된 PPT와 PDF를 개발했다. 일반 대중이 보기에는 다소 복잡할 수 있지만 보건의료 종사자들이나 교육에 관심이 있는 의료 관계자들에게는 귀중한 자료이다.

ACE 연구와 다루어지지 않는 아동기 트라우마(PPT):

www.theannainstitute.org/presentational.html
미국 메인주 로클랜드에 있는 애나 연구소의 제닝스[Ann Jennings] 박사가 ACE연구 결과 및 보건의료 비용을 개괄적으로 살필 수 있도록 만들었다.

ACE와 발달 장애(PDF):

뉴욕 올버니에 있는 장애지원센터의 행동 보건국 상무이사 마칼[Steve Marcal] 박사가 발달 장애 아동을 다루는 전문가들의 아동기 역경에 대한 이해를 돕기 위해 만든 PDF. 트라우마의 징후를 탐지하고 적절하게 대응하기 위한 교육을 진행하는 데 활용할 수 있다.

부정적 아동기 경험과 성인의 행복 및 질병의 관계:

www.thenationalcouncil.org/wp-content/uplopads/2012/11/Natl-Council-Webinar-8-2012.pdf
이 발표는 부정적 아동기 경험(ACE)과 성인의 건강 문제 간 관계에 대해 개괄적으로 설명한다. 이는 의료전문가들이 중독이나 비만, 심장질환, 만성 폐질환과 같은 성인 질환을 다룰 때 아동기 경험에 대한 질문을 포함시켜야할 필요성을 입증한다.

아동의 정신건강 문제와 사회적 수용의 필요성:

www.samhsa.gov/recovery/peer-support-social-inclusion
www.slideserve.com/danton/children-s-mental-health-problems-and-the-need-for-social-inclusion
이 PPT는 아동과 가족을 도와 정신질환이 있는 아동이 흔히 경험하는 사회적 고립감을 극복하도록 돕는 과정에서 일어나는 문제들을 개괄적으로 제공한다. 따라서 아동과 청소년을 다루는 기관들에게 유용하며, 아동의 저항 행동에 대해 논의하고 극복할 방법을 찾는 기틀을 제공한다.

가정 폭력이 아동에게 미치는 영향: 정상화하기(PDF):

Nelson&Link, Legacy House(2012).

폭력과 학대가 평생의 건강 문제에 초래하는 결과(PDF):

www.ncdsv.org/images/FWV_ConBriefing-%20HealthConsequence
sViolenceAbuseAcrossLifespan_4-18-2012.pdf

복합적 트라우마에 대한 NCTSN의 평가(PDF):

www.nctsn.org/trauma-types/complex-trauma/assessment
미국 국립 아동 트라우마 스트레스 네트워크(The National Child
Traumatic Stress Network, NCTSN)가 2013년 11월 20일 게시한 글. 아
동기 트라우마가 인지 및 학습 등 아동의 발달 영역에 미치는 영향을 개
괄적으로 제시한다. 교사와 학교 관리자들에게 매우 유용한 자원이다.

복합적 트라우마의 영향에 대한 NCTSN의 개관(PDF):

www.nctsn.org/trauma-types/complex-trauma/effects-of-complex-
trauma
NCTSN에서 2013년 11월에 게시한 페이지. 복합적 트라우마가 애착 관계
와 신체, 뇌, 경제 등 광범위한 영역에 미치는 영향을 간략히 설명한다. 교
사나 다른 전문가들이 트라우마를 겪은 아동의 행동과 동기를 들여다볼
수 있는 새로운 관점을 제공한다.

시각의 전환: 높은 자살율에 대한 트라우마 관점의 이해(PPT):

www.66.185.30.201/data/sites/16/media/webinar/tic-and-suicide.pdf
ACE 커넥션의 일원인 허드슨[Elizabeth Hudson]에 의한 탁월한 발표이다.

트라우마 관점에 기초한 돌봄(PPT):

www.county.milwaukee.gov./ImageLibrary.../TIC-PPT.ppt
밀워키 카운티 행동 보건 분과가 맡아서 수행한 발표. 트라우마에 공감하
는 접근 모델의 완벽한 실행에 필요한 변화의 과정에 대해 논의하는 이
발표는 관리자들에게 큰 도움이 될 것이다.

트라우마 공감학교

미군 사회에서의 부정적 아동기 경험 관련 연구(Slide Serve):

www.theannainstitute.org/ACE%20folder%20for%20website/53%20
ACE%20questions%20in%20Military.pdf

군 내 질병 검진에 ACE 설문을 포함시키는 것에 대한 찬반 의견을 조사
한 글. 결과 비밀이 보장되지 않는다면 설문을 포함시키는 것에 대한 반대
의견이 존재함을 보여준다. ACE설문에 대한 응답 정보가 진급에 부정적
영향을 미칠 수 있다는 우려가 있었다.

DVD로 소개하는 ACE 연구(3분):

www.avahealth.org/aces_best_practices/appendix.html/title/ava-
ace-study-dvd-and-online-videos

폭력과 학대에 관한 아카데미가 제작한 이 비디오에서 큰 비중을 차지하
는 것은 ACE 연구의 공동 설립자인 펠리티 박사[Dr. Vincent Felitti]와 안다 박사
[Dr. Robert Anda]의 발표와 그들이 진행한 인터뷰이다. 이들을 소개하고 연구에
참여한 질병 관리 및 예방 센터(CDC)의 연구원 윌리엄스[Dr. David Williams]도
발표 및 인터뷰를 진행한다. 신시내티 아동 병원의 소아과장 퍼트넘[Dr. Frank
Putnum]은 ACE 연구가 가져오는 충격을 균형 있게 바라볼 수 있는 시각을
제공해준다.

아동기 트라우마와 감정 조절, 경계선 성격 장애(1시간):

www.psychiatry.yale.edu/bpdconference/archives.aspx

2013년 5월 10일 예일대학에서 진행된 전국 교육연합의 경계선 성격장애
회의의 강연으로, 콜크 박사[Dr. van der Kolk]가 아동기 트라우마와 그에 뒤따
라 진행되는 경계선 성격 장애의 징후의 발달학적 관계에 대해 설명한다.

3가지 핵심 개념(6분)-짤막한 영상물 3편(각 2분):

하버드대학 아동발달센터의 비디오물로 어떻게 유해한 스트레스가 트라
우마로 발달하는가에 대해 설명하며, 뇌와 신경 시스템에 미치는 영향을
살펴볼 수 있다.

스트레스가 말단소체에 미치는 영향(6분):

말단소체(각 염색체의 끝부분에 있는 부위로 특이한 염기 서열을 가지며, 염색체의 끝부분이 파괴되거나 다른 염색체와 융합되지 않도록 보호하는 역할을 한다.—편주)라 불리는 유전자 구조의 일부는 우리의 염색체가 해어지지 않도록 보호해준다. 말단소체는 나이를 먹으면서 짧아지기 마련이지만, 스트레스는 나이와 무관하게 말단소체가 짧아지는 속도를 높인다. 신경생물학자인 사폴스키 박사^{Dr. Robert Sapolsky}가 2008년 제작된 다큐멘터리 「스트레스—킬러를 해부하다」에서 이 대목을 발췌하여 발표했다.

가보 마테^{Gabor Maté} 박사: 애착의 중요성(14분):

www.ealryadvantagebirth.com/2012/05/kids-culture-and-chaos-the-need-for-conscious-parenting-with-gabor-mate-md/

"우리는 애착에 대해 새롭게 눈을 떠야 한다. 문화는 계속해서 우리의 애착을 약하게 만들고 있으니까."

『당신의 아이를 붙잡아라Hold on to Your Kids』(Ballantine Books, 2006)의 저자 마테^{Gabor Maté}를 2011년 봄, 버지니아의 샬로츠빌에서 있었던 '아이들, 문화, 혼돈' 강연에서 레이건^{Lisa Reagan}이 인터뷰한 내용이다.

대인관계의 신경생물학(24분):

www.youtube.com/watch?v-Nu7wEr8AnHw

2009년의 TEDx 강연에서 시겔 박사가 사회적 지능과 정서적 지능의 기저를 탐색하며 자기성찰을 통해 이런 지능들을 길러낼 방법을 모색했다.

폭력의 예방—블룸 박사^{Dr. Sandra Bloom}(3분):

www.acesconnection.com/clip/violence-prevention-dr-sandra-bloom-3-mins

2010년 블룸 박사가 멕시코의 휴코니 국제 회의에서 지역사회와 가족의 건강을 통해 폭력을 예방한다는 주제로 영어 강연을 했다.

메이시 박사Dr. Robert Macy―지역사회와 트라우마에 기초돌봄(2분):

www.acesconnection.com/clip/dr-robert-macy-communities-and-trauma-informed-care-2min

트라우마의 희생자들을 다루는 전문가들(교육, 비즈니스, 보건, 법정, 사회복지, 정부 등 다양한 분야에서)에게 어릴 적 격렬한 몸과 마음의 트라우마, 즉 부정적 아동기 경험이라 불리는 사건을 겪은 사람들을 알아보고 진단하며 치료하는 방법을 이해하는 방법의 중요성과 왜 지역 공동체의 노력이 중요한지에 대하여 논했다.

부정적 아동기 경험과 성인 건강 사이의 관계(93분):

www.theannainstitute.org/ACE%20STUDY/ACE-PUB.pdf

부정적 아동기 경험이 성인의 건강 상태에 미치는 영향에 대해 펠리티 박사가 최초로 논의한 내용이다. 아동기의 경험이 성인의 정신 및 신체적 행복에 미치는 영향에 대한 이해에 새로운 전환점이 되었던 고전이다.

전미 ACE 정상회담:

www.instituteforsalefamilies.org/national-summit-presentations

부정적 아동기 경험의 연구 결과와 경험이 건강 및 행복에 미치는 영향이라는 주제로 열린 2013년 정상회담이다. 안전한 가족을 위한 연구소와 로버트 우드 존슨 재단이 후원을 맡았으며, 많은 비디오물과 PDF 파일을 구할 수 있다.

부정적 아동기 경험과 근거 기반 실천으로서의 가정 방문:

www.nwcphp.org/documents/training/maternal-and-child-health/adverse-childhood-experience

이 웨비나(2011년 6월 16일 개최)의 중심인물은 시애틀과 킹 카운티 공중 보건국의 카슨Kathy Carson과 워싱턴 주 가족정책평의회 소속의 포터Laura Porter이다. 웹사이트에 따르면, "부정적인 아동기 경험의 평생에 걸친 영향과 관련하여 이루어진 새로운 과학전 발견들로 인해 가정 방문이 어떠한 호혜적인 이득을 가져다주는지를 이해할 수 있는 새로운 단서가 마련되었다. 로라는 워싱턴 주의 데이터를 포함한 ACE 연구에 관한 최신 정보를 나누어줄 것이며, 캐시는 가정 방문의 성과에 대한 증거 일부와 아동기 트라우마의 충격을 이해하는 일이 어떻게 가정방문의 실천에 영향을 미칠 수 있는지에 대해 논의할 것이다. 이 발표는 어린 아동과 그 가족을 다루는 일을 하는 사람들과 육아나 아동 발달에 관심이 있는 모든 이를 위한 것"이라고 한다.

전문가에게 묻다: 트라우마와 스트레스, 또는 관련된 DSM-5 장애들(42분):
www.istss.org/education-research/online-learning/recordings.
aspx?pid=WEB0813
국제 트라우마 스트레스 연구 전문가 협회가 여는 이 웨비나는 정신질환 진단 통계 매뉴얼 5호(DSM-5)의 평가 기준이 치료라는 맥락에서(변화뿐만 아니라 새로운 항목이나 기준에도 비중을 둔) 어떤 결과를 불러올 것인가, 또한 이것이 치료 전후의 평가에 어떤 영향을 미칠 것인가에 초점을 두고 있다. 참가자들 또한 외상 후 스트레스 장애(PTSD)의 특수성을 DSM-5의 기준으로 관찰하는 문제를 두고 의견을 교환한다.

아동기 트라우마 병력을 가진 아동을 입양하는 부모들에 대해 들어보는 페리 박사 Dr. Bruce Perry**의 블로그 토크 라디오 인터뷰(1시간):**
www.blogtalkradio.com/creatingafamily/2014/05/14/parenting-
abused-and-neglected-children
이 인터뷰의 목적은 어릴 적 트라우마 병력이 있는 아동에게서 공통적으로 관찰되는 행동을 설명하는 것이다. 유발된 행동을 통해 트라우마가 있는 아동이 겪었던 위협들 간의 차이점을 해명하고, 동시에 부모들에게 그들이 아동의 안전감을 늘려주고 회복하도록 도울 수 있는 방법을 알려준다.

트라우마에 능숙한 팀 만들기(제닝스 박사 Ann Jennings, PhD**; 93분):**
예방 치료 및 회복 부서의 정신건강 및 약물중독 분과에서 개최한 2009년의 웨비나로, 단순 트라우마와 복합적 트라우마의 개념을 소개하고 제도적, 사회적 환경 안에서 트라우마의 재발과 관련된 연구에 대해 논의한다.

트라우마와 방임이 아동에게 미치는 영향(1시간):
www.ctacny.com/the-impact-of-trauma-and-negelct-on-young-

children.html

페리 박사가 뉴욕 임상기술 지원 센터에서 연 웨비나.

미래 되찾기: 십대의 약물, 알코올 중독과 범죄를 극복하는 지역사회:

www.reclaimingfutures.org/webinars

매달 전문가를 초청하여 새로운 세미나를 열며, 청소년 사법의 개혁, 청소년 약물 법정, 청소년의 약물 중독 치료, 긍정적인 청소년 발달 등의 주제에 관한 웨비나를 찾아 이용할 수 있다.

THRIVE의 트라우마 공감적 접근 웨비나 교육:

www.thriveinitiative.org/truma-informed/training/

THRIVE 웨비나는 돌봄의 시스템 원리를 구현하여 각 기관이나 지역에 적합하며 각 단체나 개인이 시청하는 데 전혀 무리가 없다. 등록은 필수이지만 한 번 등록하면 트라우마에 해박한 조직화 연수에 대한 안내 등 여타 자원들에 접근할 수 있다. THRIVE란 메인주의 등급별 돌봄 시스템으로, 메인주의 청소년 봉사 교정국 및 연방 정부의 약물중독 및 정신건강 서비스 부서로부터 자금 지원을 받는다.

트라우마: 공중 보건의 위기, 서부 뉴욕 학회:

socialwork.buffalo.edu/social-research/institutes-centers/institute-on-trauma-and-trauma-informed-care/community-partnership-initiatives/community-partnerships.html

이 웨비나의 주요 인물은 블룸 박사와 안다 박사로, 2010년 3월 12, 13일에 중서부 뉴욕 지역사회 보건재단이 후원하는 트라우마: 공중 보건의 위기라는 주제로 연설을 했다. 회의의 참가자들은 트라우마가 아동의 삶에 미치는 영향을 알아차리고, 부정적 아동기 경험이 성인의 건강상 위험한 행동이나 질병에 미치는 영향을 확인하며 안식처 모델sanctuary model을 적용하여 트라우마에 해박한 치료와 돌봄을 제공하는 법을 배울 수 있었다. 나아가, 서로 협력하여 지역사회의 지도자나 활동가들과 네트워크를 형성할 수 있게 되었다.

노숙인 여성과 그 자녀들을 위한 트라우마 공감적 돌봄:

www.usich.gov/media-center/videos-and-webinars/tic-webinar

노숙인 문제에 관한 전미 부처간 협의회의 후원을 받는 웨비나로, 노숙인을 위한 서비스의 계획과 실행에 있어 트라우마에 해박한 돌봄의 모델을 통해 어머니와 그 자녀들에게 더 잘 봉사하고 노숙과 트라우마의 사이클을 끊을 수 있도록 하는 방법을 탐색한다. 2012년 5월 9일에 열린 웨비나의 목적은 각 조직이 트라우마에 대해 가지고 있는 인식의 정도를 개선하기 위한 방법에 대하여 정보를 공유하는 것이었다.

아동 복지 시스템에서 아동이나 청소년의 트라우마 공감적 접근법 실천하기(65분):

www.nrcpfc.org/webcasts/28.html

이 웹캐스트의 주요 인물은 툴버그(Erika Tulburg)(뉴욕대학 아동연구센터의 조교수이자 뉴욕 주 아동 복지 시스템에 트라우마 및 여타 정신건강 문제들을 다루기 위한 자금을 지원받으려는 여러 노력들 중 하나인 아틀라스 프로젝트(Atlas Project)의 책임자를 맡고 있다)와 아동의 트라우마적 사건의 정신의학적 결과에 초점을 두는 의사이자 과학자인 색스 박사(Dr. Glenn N. Saxe)(아놀드 사이먼(Anold Simon)교수와 함께 뉴욕대학 아동 및 청소년 정신의학과 아동연구센터의 의장을 맡고 있다)이다. 웨비나의 초점은 양육의 돌봄과 친부모에게 맞춰져 있다. 다른 자료들 또한 웹사이트에서 찾을 수 있으며, 2013년 2월 6일의 웨비나는 가족간 유대의 영속을 위한 전국 자원센터의 후원을 받았다.

아이들의 트라우마 치료하기(1시간):

www.ewclaimingfutures.org/resources/webinars

샌디에이고에 위치한 레이디 아동병원의 채드윅 센터의 부소장 윌슨(Charles Wilson)이 아동복지 시스템 내에서 아동을 치료할 수 있는 트라우마에 세심한 접근법을 개발하는 자신의 업무를 설명한다. 2010년 5월 27일의 이 발표는 청소년 사법의 분야에도 적용이 가능하다.

부록 B

당신의 ACE 점수는?

다음을 읽고 당신이 18세가 될 때까지 경험한 적이 있는 상황인지 확인하시오.

1. 부모 또는 한 집에 사는 성인이 당신에게 자주 욕을 하거나, 모욕을 주거나, 면박을 주거나 굴욕감을 안겨주었는가? 그들이 당신으로 하여금 신체적 부상을 입을지도 모른다는 두려움을 느끼게 행동한 적이 있는가?

2. 부모 또는 한 집에 사는 성인이 자주 당신을 밀치거나, 세게 붙잡거나, 손바닥으로 때리거나, 물건을 집어던졌는가? 매우 세게 맞아서 자국이 남거나 부상을 입은 적이 있는가?

3. 성인 또는 당신보다 최소 5살 이상 연상인 사람이 당신을 만지거나, 애무하거나, 자신의 몸을 성적인 방식으로 만지게 한 적이 있는가? 구강이나 항문, 질을 통해 성교를 시도하거나 실행에 옮긴 적이 있는가?

4. 당신이 자주 가족 중 누구도 당신을 사랑하지 않는다든지, 당신을 소중하거나 특별하게 여기지 않는다고 느낀 적이 있는가? 당신의 가족들이 서로를 보살피지 않고, 친밀하지 않으며, 서로를 지지하지 않았나?

5. 자주 먹을 것이 모자라거나 더러운 옷을 입어야 하며 아무도 당신을 보호해주지 않는다고 느꼈는가? 부모가 술이나 마약에 취해 당신을 돌보지 않거나 필요할 때 병원에 데려가주지 않는가?

6. 부모가 별거 또는 이혼을 한 적이 있는가?

7. 당신의 어머니 또는 새어머니가 자주 밀치거나, 세게 붙잡거나, 손바닥으로 소리가 날 정도로 때리거나, 물건을 집어던지거나 했는가? 걷어차이거나 물리거나 주먹에 맞거나 단단한 물건으로 구타당한 적이 있는가? 몇 분 이상 반복해서 맞거나 총, 칼 따위로 위협당한 적이 있는가?

8. 술버릇이 나쁜 사람, 알코올 중독자, 환각성이 높은 마약을 사용하는 사람과 함께 생활했는가?

9. 한 집에 사는 성인이 우울증 등의 정신질환이 있거나 자살을 시도한 적이 있는가?

10. 가족 구성원이 감옥에 간 적이 있는가?

'예'라고 답한 개수가 당신의 ACE 점수입니다.

(www.acestudy.org/yahoo_site_admin/assets/docs/ACE_Caculator-english.127193712.pdf에서 발췌)

옮기고 나서

오늘 우리의 학교를 '트라우마'라는 렌즈로 바라보자

다른 친구들이 학교에 온다

아이들은 다른 모습으로 학교에 간다.
아이들은 다른 마음으로 학교에 간다.
아이들은 다른 이유로 학교에 간다.

아이들은 학교에서 바란다.
다른 것을.
어른들이 바라는 것과 다른 것을.

어른들만 모른 척한다.

―학생 ○○○

한 학생의 시이다. 학교에 오는 아이들이 달라졌다는 발견은 그리 낯설지 않다. 더 다루기 어렵고, 더 힘들고, 더 조절을 어려워하는 아이들이 늘었다. 선생님들이 그런 아이들을 대하기 어려워하며 괴로워하는 일도 훨씬 많아졌다. 아이들도 힘들어졌고, 선생님들도 힘들어졌다. 이 배경에는 무슨 일이 있는 것인가?

"뭘 잘못했는지 알아?" VS "무슨 일 있었니?"

미국의 교육정책가들 중에는 아이들이 이렇게 어려워진 배경은 트라우마의 영향이 제일 크다고 본 사람들이 있었다. 그들은 행동했다. 교사가 규범 혹은 상황에 어긋한 행동을 한 아이에게 물어야할 질문이 크게 바뀌어야 한다는 샌드라 블룸$^{Sandra Bloom}$의 주장은 많은 교장들, 교사들, 학부모들을 깨어나게 했다. 그녀는 "뭘 잘못했는지 알아?(What is wrong with you?)"라는 질문을 멈추고 "무슨 일 있었니?(What happened to you?)"라고 물어야 한다고 주장했다. 아이들의 문제 행동이 양심의 문제라기보다 트라우마로 쌓인 여러 독성 스트레스의 영향으로 인한 결과라고 본 것이다. 그녀는 학교 교육에 트라우마 기반 돌봄 학교, 트라우마 공감학교 운동 혹은 정책을 2000년대 초중반부터 펼쳐왔다. 그녀가 이런 입장을 가지게 된 배경에는 이런 역사가 있다.

인생의 기초를 뒤흔드는 아동기 트라우마

2000년대 초반, 미국의 보건복지부 산하 정신건강국과 미국 어린이 트라우마 스트레스 네트워크에서는 학교를 혼란에 빠뜨리는 부정적 아동기 경험들이 있다고 진단했다. 그리고 그 근거가 되는 연구는 1990년대 후반 한 의료조합에서 실시한 연구였으며, 현재는 미국 질병관리본부를 통해 거의 전국에서 시행하는 연구가 되었다. 이 연구가

트라우마 공감학교

바로 부정적 아동기 경험(Adeverse Childhood Experiences, ACE)에 대한 연구이다. 이 연구는 우리가 어른이 되어서도 건강해지지 못하는 가장 핵심적인 이유를 아동기 트라우마로 제시하는 근거 기반 연구evidence based research이다. 이 연구에 따르면 첫째, 우리가 예상했던 것보다 많은 아이들이 아동기에 트라우마를 겪고 있으며, 둘째, 이로 인해 학교에서의 다양한 생활, 관계, 학습, 정서 모두에 영향을 크게 받고, 셋째, 트라우마를 인지하고 접근하는 교육이나 돌봄을 제공해야 그나마 아동기 트라우마가 미치는 부정적 영향을 상쇄하거나 감소시킬 수 있다는 것이었다.

ACE 연구에 따르면 지역마다, 학교마다 다르지만, 3~4명 중 하나가 아동기에 겪은 트라우마가 하나 혹은 둘 이상이 되며, 특히 아동기 학대경험이 3가지 이상인 아이들이 학교의 1/3이 되는 경우 아주 어려운 학교로서 전통적 방식의 학교 운영으로는 좋은 성과를 거둘 수 없다고 한다.

현재 학교에서 감정조절을 어려워하거나, 수업 시간에 앉아 있는 것을 힘들어하거나 난동을 피우는 아이들의 특징은 그들 대부분이 더 어린 시절부터 현재에 이르기까지 힘겨운 트라우마의 영향을 받은 아이들이라는 점이다. 학년이 올라가면서 트라우마는 더 가중되어 다중피해자화poly-victimization가 되기도 하고, 학교가 자칫하면 재외상화re-traumatization의 장소가 되기도 한다. 학교의 구성원들이 이 특징을 갖고 있는 아이들을 이해하고 돌볼 줄 알고 배움이 가능하도록 하는 트라우마 기반 돌봄(Trauma Informed Care, TIC)을 할 필요가 있다는 주장이 대두되었다.

아이들 트라우마는 교사의 트라우마가 된다

트라우마를 받은 아이들이 학교에서 자신의 트라우마를 재현하거나 행동화함으로 인해 발생하는 피해는 다른 친구들, 교사들 그리고 학교의 운영체계 모두에 손상을 가한다. 특히 이 피해를 최소화거나 방지하려고 헌신하는 교사들이 받는 피해는 엄청나다. 트라우마에 주목한 정책가나 운동가들은 교사에게 빈번히 발생하는 트라우마에 관심을 가졌고, 교사들이 다함께 돌봄을 위한 다양한 프로그램을 결정하도록 하고 실행했다. 교사들의 현재 마음 상태, 하루 하루를 보내는 상태, 아이들과 지내는 시간을 통해 경험하는 정서적 프로세스는 우아하고 멋지고 행복하기가 쉽지 않다. 그렇기에 지금보다 많은 지원과 협력 그리고 역량개발과 체계의 개선이 필요하다. 교사들의 2차 트라우마secondary trauma나 도덕적 손상moral injury, 소진burnout은 특수한 문제가 아니라 모든 교사들의 문제가 되어가고 있다.

학교가 트라우마의 안전기지가 되려면

세월호 참사가 있던 해, 참사가 있던 날로부터 얼마 지나지 않아 아이들과 함께할 수업안을 찾는 교사들에게 작은 수업안을 제시했던 적이 있다. 당시 하룻밤을 지새우며 만들었던 그 수업안은 에듀니티를 통해서, 또 전교조를 통해서 보급되었다. 트라우마적인 사건에 대한 디브리핑을 기본 삼아 수업하게 하는 것으로 당시 아주 참신한 새로운 기법을 활용했던 것은 아니었지만, 일부 교사에게는 도움을 줄 수 있었다. 우리는 그 이전까지 이런 수업을 학교에서 하는 방법에 대해 잘 몰랐었다. 하지만 현재는 정말 다양한 영역에서 비약적인 발전이 일어나고 있다. 적어도 교사 집단은 준비가 되어 있다고 생각한다. 교육부와 교육청도 그랬으면 하고 기대해본다. 국민 모두가 받는 트라우마부터 오늘 교실에서 있었던 한 아이의 폭발적 행동에 이르기까지, 교실은 사회를 닮거나 사회 속 일이 재연되거나 축소되어 벌어진다. 그러므로 교실에는 안전에 대한 조치가 늘 필요하고, 이미 일어난 트라우마에 대한 안정화도 필요하며, 그 트라우마의 영향을 줄이고 오히려 성장이 일어날 수 있도록 하는 방법에 대한 준비가 있다면 금상첨화일 것이다.

이 책은 오래전에 발견했지만 번역을 완성하는 데, 언제나 그렇듯이 바쁜 일정으로 인해 많은 시간이 걸렸습니다. 이 책의 초벌 번역과정에는 성장학교 별 졸업생이자 현재 라까따싸의 가디언인 배규하 군이 참여해 도움을 주었고, 두 번째 번역과정에는 우리 집 큰아들인 김세영 군이 군대에 있는 동안, 시간을 유용하게 쓰기 위해 도움을 주었습니다. 그리고 제가 번역을 총체적으로 재정리하고 의역하는 작업을 하였습니다. 배규하 군과 김세영 군에게 고마운 마음을 전합니다. 이 책의 시작에는 현재 교육과실천사의 최윤서 대표가 도움을 주었고, 이 책의 출간 과정은 에듀니티의 이하영 선생님이 애써주었습니다. 도움을 주신 에듀니티 식구들을 포함한 여러 선생님들께 감사드립니다. 이 책으로 외부 교사들과 세미나를 한 차례 했고, 성장학교 별 교사들과도 오전 세미나를 통하여 내용을 점검한 바 있습니다. 함께 이 책을 점검해주신 교사들께 감사 드립니다. 가족들, 청년행복학교 별 선생님들, 관련된 여러 선생님의 토론과 지원을 통해 이 책이 나올 수 있게 되었습니다. 감사드립니다.

　이 책을 통해 우리 교육계와 교사들에게 트라우마 렌즈를 통해 아이들을 바라보는 관점을 바꾸고 시야를 넓히는데 도움이 되길 바랍니다. 달라진 아이들에게 효과적인 학교가 되기 위한 마중물 역할을 이 책이 해주길 바랍니다. 우리도 아이들에게 '뭘 잘못했는지 알아?'라고 혼내기보다 '무슨 일 있었니?'라고 물을 수 있는 안목이 생기기를 바라는 마음이기도 합니다. 트라우마에 공감하는 학교, 따뜻한 안전기지로서의 학교가 우리 곁에 있어 행복해질 수 있기를 바랍니다. 고맙습니다.

2019년 12월

김 현 수

트라우마 공감학교

참고문헌

ABA Juvenile Justice Committee, Zero Tolerance Policy Report. (2001). Washington, DC: Author.

Abenavoli, R. M., Jennings, P. A., Greenburg, M. T., Harris, A. R., & Katz, D. A. (2013). The protective effects of mindfulness against burnout among educators. *Psychology of Education Review*, 37(2), 57-69.

Abraham-Cook, S. (2012) *The prevalence and correlates of compassion fatigue, compassion satisfaction, and burnout among teachers working in high-poverty urban public schools* (Doctoral dissertation, Seton Hall University). Retrieved from http://scholatship.shu.edu/cgi/viewcontent.cgi?article=2820&context=dissertations

Anderson, L. W., & Krathwohl, D. R. (2001). *A taxonomy for learning, teaching, and assessing: A revision of Bloom's taxonomy of educational objectives.* New York, NY:Longman.

Annie E. Casey Foundation. (2013). *Early warning confirmed: A research update on third grade reading.* Baltimore, MD: Author. Retrieved from www.acef.org/resources/ealry-warning-confirmed/

Asam, K. (2015). *Trauma-sensitive schools.* Burlington, VT: University of Vermont.

Ayoub, C. C., O'Connor, E., Rappolt-Schlichtmann, G., Fischer, K. W., Rogosch, F. A., Toth, S. L., & Cicchetti, D. (2006). Cognitive and emotional differences in young maltreated children: A translational application of dynamic skill theory. *Development and Psychopathology, 18*, 679-706. doi:10.10170S0954579406060342

Babcock, E. (2014). *Using brain research to design new pathways out of poverty.* Brighton, MA: Crittendon Women's Union.

Badger, E. (2013, August 29). How poverty taxes the brain. *The Atlantic City Lab.* Retrieved from http://www.citylab.com/work/2013/08/how-poverty-taxes-brain/6716/

Balfour, D., & Neff, P. (1993). Predicting and managing turnover in human service agencies: A case study of an organazation in crisis. *Public Personnal Management, 22*, 473-486. doi:10.1177/009102609302200310

Belsky, J., & Hann, M. D. (2011). Annual research review: Parenting and children's brain development: The end of the beginning. *Journal of Child Psychology and Psychiatry, 52*, 409-428. doi:10.1111/j.1469-7610.2010.02281.x

Beltman, S., Mansfield, C., & Price, A. (2011). Thriving not just surviving: A review of research on teacher resilience. *Educational Research Review, 6*, 185-207. doi:10.1016/j.edurev.2011.09.001

Bergin, C., & Bergin, D. (2009). Attachment in the classroom. *Educational Psychology Review, 21*, 141-170. doi:10.1007/s10648-009-9104-0

Blair, C., & Razza, R. P. (2007). Relating effortful control, executive function, and false belief understanding to emerging math and literacy ability in kindergarten. *Child Development, 78*, 647-663. doi:10.1111/j.1467-8624-.2007.01019.x

Bloom, S. L., & Farragher, B. (2013). *Destroying sanctuary: The crisis in human service delivery system.*New York, NY: Oxford University Press.

Bloom, S. L., & Farragher, B. (2013). *Restoring sanctuary: A new perating system for trauma-informed system of care.* New York, NY: Oxford University Press.

Bogolepova, I. N., & Malofeeva, L. I. (2001). Characteristics of the development of speech motor area 44 and 45 in the left and right hemisphere of the human brain in early post-natal ontogenesis. *Neuroscience and Behavioral Physiology, 31*, 349-354. doi:10.1023/A:1010468007795

Boniwell, I. (2012). *Positive psychology in a nutshell.* New York, NY: McGraw Hill.

Borman, G. D., & Dowling, N. M. (2008). Teacher attrition and retension: A meta-analytic and narrative review of the research. *Review of Educational Research, 78*, 367-409. doi:10.3102/0034654308321455

Brackett, M., & Rivers, S. (2014). Transforming students' lives with social and emotional learning. In Reinhart Pekrun & Lisa Linnerbrink-Garcia (Eds.) *International handbook of emotions in education* (pp. 368-388). New York, NY: Routledge.
Biere, J., Spinazzola, J. (2014). *Phenomenology and psychologinal assessment of complex posttraumatic stress. Journal of Traumatic Stress, 18*, 401-412. doi:10.1002/jts.20048

Bruner, J. (1996). *The culture of education.* Cambridge, MA: Harvard University Press.

Bryk, A. S., Sebring, P. B., Allensworth, E., Luppescu, S., & Easton, J. Q. (2010). *Organizing schools for improvement: Lessons from Chicago.* Chicago, IL: University of Chicago Press.

Caine, R., & Caine, G. (1990). Understanding a brain-based approach to learning and teaching. *Educational Leadership*, 66-70.

Casey, B. J., Jones, R. M., & Somervile, L. H. (2011). Braking and accelerating of the adolescent brain. *Journal of Research on Adolescence, 21*, 21-33. doi:10.1111/j.1532-7795.2010.00712.x

CAST. (2011). *University Design for Learning Guidelines version 2.0.* Retrieved from http://www.udlcenter.org/aboutudl/udlguidelines

Center of Youth Wellness. (2014). *An unhealthy dose of stress* [White Paper]. Retrieved from hrrp://bit.ly/ACEswhitepaper

Chang, M. L. (2009). An appraisal perspective of teacher burnout: Examining the emotional work of teachers. *Educational Psychology Review 21*, 193-218. doi:10.1007/s10648-009-9106-y

Child Trends (2015). *Social competence #14.* Retrieved from www.childtrends.org/our-research/positive-indicators/positive-indicators-project/social-competence

Claassen, R., & Claassen, R. (2008). *Discipline that restores: Strategies to create respect, cooperation, and responsibility in the classroom.* Charleston, SC: BookSurge Publishing.

Cloitre, M., Stolbach, B. C., Herman, J. L., van der Kolk, B., Pynoss, R., Wang, J., & Petkova, E. (2009). A developmental approach to complex PTSD: Childhood and adult cumulative trauma as predictors of system complexity. *Journal of Traumatic Stress, 22*, 3990408. doi:10.1002/jts.20444

Cole, S. E., O'Brien, J. G., Gadd, M. G., Ristuccia, J., Wallace, D. L., & Gregory, M. (2005). *Helping traumatized children learn: Supportive school environments for children traumatized by family violence.* Boston, MA: Massachusetts Advocates for Children and Havard Law School, Trauma and Learning Policy

Initiative. Retrieved from www.traumasensativeschools.org

Cole, S., Eisner, A., Gregory, M., & Ristuccia, J. (2013). *Creating and advocating for trauma-sensative schools.* Boston, MA: Massachusetts Advocates for Children and Havard Law School, Trauma and Learning Policy Initiative. Retrieved from www.traumasensativeschools.org

Collaborative for Academic, Social, and Emotional Learning. (2004). *Creating connections for student success: The CASEL 2003 annual report.* Retrived from http://static1.squarespace.com/static/513f79f9e4b05ce7b70e9673/t/526a22f3e40f35a9ef fc404/1382687475283/creating-connections-for-student-success.pdf

Cook, A., Blaustein, M., Spinazzola, J., & van der Kolk, B. (2003). *Complex trauma in children and adolescents* [White Paper]. Retrieved from National Child Traumatic Stress Network website: http://www.nctsnet.org/nctsn_assts/pdfs/edu_materials/ComplexTrauma_All.pdf

Cook, A., Spinazzola, J., Ford, J., Lanktree, C., Blaustein, M., Sprague, C., … van der Kolk, B. (2007). Complex trauma in children and adolescents. *Focal Point, 21*(1), 4-8.

Cozolino, L. J. (2013). *The social neuroscience of education: Optimizing attachment and learning in classroom.* New York: NY Norton.

Craig, S. E. (1992). The educational needs of children living in violence. *Phi Delta Kappan, 74*(1), 67-71.

Craig, S. E. (2001, January 16). Remarks at Helping Traumatized Children Learn, a conference sponsored by Lesley College, Massachusetts Advocates for Children(MAC), and the Task Force on Children Affected by Domestic Violence, Cambridge, MA. (Transcripts of the conference are on file at Massachusetts Advocates for Children, 25 Kington St, 2nd Floor, Boston, MA 02111)

Craig, S. E. (2008). *Reaching and teaching children who hurt: Strategies for your classroom.* Baltimore, MD: Brookes Publishing Co.

Crespi, B. J. (2011). The strategies of genes: Genetic conflicts, attachment theory, and development of the social brain. In A. Petronis, & J. Mill (Eds.), *Brain, behavior, and epigenetics* (pp. 143-167). Heidelberg, Germany: Springer-Verlag.

Crittenden, P. M. (1998). Dangerous behaviors and dangerous contexts: A 35-year perspective on research on the developmental effects of child physical abuse. In P. K. Trickett, & C. J. Schellenbach (Eds.), *Violence against children in the family and the community* (pp. 11-38.) Washington, DC: APA.

Cullen, M. (2007). Stress management and resilience training: Stopping teacher burn-out, Greater good: The science of a meaningful life.

Davis, G.M., & Logie, R.L. (Eds.) (1993). *Memory in everyday life.* Amsterdam: Elsevier.

Dianis, J. B. (2012, December 13). It's time for common sense school discipline. *Huffington Post.* Retrieved from www.huffingtonpost.com/judith-browne-dianis/its-time-for-common-sense_b_2285241.html

D'Andrea, W., Ford, J., Stolbach, B., Spinazzola, J., & van der Kolk, B. A. (2012). Understanding interpersonal trauma in children: Why we need a developmentally appropriate trauma diagnosis. *Journal of Orthopsychiatry, 82,* 187-200. doi:10.1111/j.1939-0025.2012.01154.x

De Bellis, M.D. & Kuchibhatla, M. (2006). Cerebellar volumes in pediatric maltreatment related post-traumatic stress disorder. *Biological Psychiatry, 60,* 697-703.

Dorado, J. (2008) *Healthy environments and response to trauma in schools.* San Francisco, CA: University of California, San Francisco.

Duncan, G., & Murnane, R. (2011). Economic inequality: Cause of urban school problems. *Chicago Tribune*. Retrieved from http://articles.chicagotribune.com/2011-10-06/opinion/ct-perspec-10061-urban-20111006_1_poor-children-graduation-rate-gap

Elais, M. (2013). The school-to-prison pipeline. *Teaching Tolerance*, 43, 39-40.

Ensor, P. (1988). The functional silo syndrome. AME Target (p.16). Rolling Meadows, IL: Association for Manufacturing Excellence.

Farragher, B., & Yanosy, S. (2005). Creating a trauma-sensitive culture in residential treatment. *Therapeutic Communities: The International Journal for Therapeutic and Supportive Organizations, 26*, 96-113.

Felliti, V. J., Anda, R. F., Nordenberg, D., Williamson, D. F., Spitz, A. M., Edwards, V., & Marks, J. S. (1998). Relationship of childhood abuse and household dysfunction to many if the leading causes of death in adults: The adverse childhood experiences (ACE) study. *American Journal of Preventive Medicine, 14*, 245-258. doi:10.1016/S0749-3797(98)00017-8

Figley, C. R. (Ed.). (2002). *Treating compassion fatigue*. New York, NY: Brunner/ Mazel.

Finkelhor, D., Ormod, R. K., & Turner, H. A. (2007). Poly-victimization: A neglected component in child victimization. *Child Abuse and Neglect, 31*, 7-26. doi:10.1016/j.chiabu.2006.06.008

Finkelhor, D., Turner, H. A., Ormod, R. K., & Hambay, S. L. (2010). Trends in childhood violence and abuse exposure: Evidence from two national surveys. *Archives of Pediatrics and Adolescent Medicine, 164*, 238-242.

Ford, J. D., & Russo, E. (2006), Trauma focused, present centered, emotional self-regulation approach to treatment for post-traumatic stress and addiction: *Journal of Psychotherapy, 60*, 355-555.

Frost, R. (1969). *The poetry of Robert Frost: The collected pems, complete and unabridged*. New York, NY: Henry Holt.

Garbarino, J., Dunbrow, N., Kostelny, K., & Pardo, C. (1992). *Children in danger: Coping with the consequences of community violence*. San Francisco, CA: Jossey-Bass.

Gibbs, S., & Miller, A. (2014). Teachers' resilience and well-being: A role for educational psychology. *Teachers and Teaching: Theory and Practice, 20*, 609-621. doi:10.1080/13540602.2013.844408

Goldstein, S., & Brooks, R. B. (Eds.). (2014). *Handbook of resiliency in children*. New York, NY: Springer Media.

Green, E. (2014). *Building a better teacher: How teaching works(and how to teach it to everyone)*. New York, NY: Norton.

Gross, T. (2013). Hippocampus involvement in explicit memory processes related to trauma. *Schools Psychology: From Science to Practice, 6*(3), 21-27.

Groves, B. M. (2002). *Children who see too much*. Boston, MA: Beacon Press.

Guin, K. (2004). Chronic teacher turnover in urban elementary schools. *Educational Policy Analysis Archives, 12*(42),1-25. Retrieved from epaa.asu.edu/ojs/article/view/197

Haller, L., & La Pierre, A. (2012). *Healing developmental trauma: How early trauma affects self-regulation, self image and the capacity for relationship*. Berkeley, CA: North Atlantic Books.

Hamby, S., Finkelhor, D., Turner, H., & Kracke, K. (2011). *The juvenile victimization took kit*. Retrieved from
www.unh.edu/ccrc/jvq/available_versions.html

Hargreaves, A. (2000). Mixed emotions: Teachers' perceptions of their interactions with students. *Teaching and Teacher Education, 16*, 811-826. doi:10.1016/S0742-051X(00)00028-7

Harris, M., & Fallor, R. (2001). *Using trauma theory to design service systems: New directions for mental health services*. San Francisco, CA: Jossey-Bass.

Hastings, P. D., Zahn-Waxler, C., & McShane, K. (2006). We are, by nature, moral creatures: Biological bases of concern for others. In M. Killen, & J. G. Smetana (Eds.), *Handbook of moral development* (pp. 483-516). Mahwah, NJ: Erlbaum.

Hill, A. C. (2011). *The cost of caring: An investigation of the effects of teaching traumatized children inurban, elementary settings* (Doctoral dissertation, University of Massachusetts). Retrieved from
http://scholarworks.umass.edu/cgi/viewcontent.cgi?article=1396&context=open_access_dissertations

Hughes, D. A., & Baylin, J. (2012). *Brain-based parenting: The neroscience of caregiving for healthy attachment*. New York, NY: Norton.

Institute of Medicine of the National Academies. (2013). *New directions in child abuse and neglect*. Washington, DC: Author.

Jablow, P. (2014). Addressing childhood trauma in schools. *The Philadelphja Public School Notebook: Focus on Behavioral Health in Schools, 22*(3), Retrieved from
http://thenotebook.org/december-2014/147967/addressing-childhood-trauma-schools-expert-views

Jagadeesan, L. M. (2012). *Attachment and social behavior in middle childhood: A comparison of maltreated and non-maltreated children*. Retrieved from University of Minnesota Digital Coservatory http://purl.umn.edu/137494

Jennings, P. A., & Greenberg, M. T. (2009). The prosocial classroom: Teacher social and emotional competence in relation to student and classroom outcomes. *Review of Educational Research, 79*, 491-525. doi:10.3102/0034654308325693

Jennings, P., Snowberg, K., Cocca, M., & Greenberg, M. (2011). Improving classroom learning environment by cultivating awareness and resilience in education: Reslts of two pilot studies. *Journal of Classroom Instruction, 46*(1), 37-48.

Jensen, E. (2008). *Brain-based learning: The new paradigm of teaching*. Thousand Oaks, CA: Corwin Press.

Jensen, E. (2013). *Engaging students with poverty in mind: Practical strategies for raising achievement*. Alexandria, VA: ASCD.

Johnson, S., Cooper, C., Cartwright, S., Donald, I., Taylor, P. J., & Millet, C. (2005). The experience of work related stress across occupations. *Journal of Managerial Psychology, 20*(2), 1778-187. doi:10.1108/02683940510579803

Johnson, D., & Johnson, D. (1985). *Cooperative learning: Warm ups, grouping strategies and group activities*. Edina, MN: Interaction Book Company.

Johnson, S. B., Riley, A. W., Granger, D. A., & Riis, J. (2013). The science of early life toxic stress for pediatric practice and advocacy. *Pediatrics, 131*, 319-327. doi:10.1542/peds.2012-0469

Johnson, S. M., Reinhorn, S. K., Charner-Laird, M., Kraft, M. A., Ng, M., & Papay, J. P. (2014). Ready to lead, but how? Teachers' experiences in high poverty urban schools. *Teachers Collge Record, 116*(10), 1-50.

Johnston, P. H. (2012). *Opening minds: using language to change lives*. Portland, ME: Stenhouse.

Jonson-Reid, M., Drake, B., Kim, J., Porterfield, S., & Han, L. (2004). A prospective analysis of the relationship between reported maltreatment and special education eligibility among poor children. *Child Maltreatment, 9*(4), 382-394.

Kagan, J. (2002). *Surprise, uncertainty and mental structures*. Cambridge, MA: Harvard University Press.

Kaiser Greenland, S. (2010). *The mindful child: How to help your kid manage stress and become happier, kinder, and more compassionate*. New York, NY: Free Press.

Karr-Morse, R., & Wiley, M. S. (2012). *Scared sick: The role of childhood trauma in adult disease*. Philadelphia, PA: Basic Books.

Kauffman, J. M., & Badar, J. (2013). How we might make special education for students with emotional or behavioral disorders less stigmatizing. *Behavioral Disorders, 39*, 16-27.

Klassen, R. M., Perry, N. E., & Frenzel, A. C. (2012). Teachers' relatedness with students: An underemphasized component of teachers' basic psychological needs. *Journal of Educational Psychology, 104*, 150-165. doi:10.1037/a0026253

Klusmann, U., Kunter, M., Trautwein, U., Ludtke, O., & Baumert, J. (2008). Teacher occupational well-being and quality of instruction: The important role of self-regulatory patterns. *Journal of Educational Psychology, 100*, 702-715. doi:10.1037/0022-0663.100.3.702

Lansford, J. E., Miller-Johnson, S., Berlin, L. J., Dodge, K. A., Bates, J. E., & Pettit, G. J. (2007). Early physical abuse and later violent delinquency: A prospective longitudinal study. *Child Maltreatment, 12*(3), 233-245.

Leahy, M. (2015). When experts miss trauma in children. *Psych Central*. Retrieved from http://psychcentral.com/lib/when-experts-miss-trauma-in-children/

Lee, C. D. (2007). *Culture, literacy, and learning: Taking bloom in the midst of the whirlwind*. New York, NY: Teachers Collge Press.

Lemov, D. (2010). *Teach like a champion: 49 techniques that put students on the path to collge(K-12)*. San Francisco, CA: Jossey-Bass.

Levine, M. D. (2002). *A mind at a time*. New York, NY: Simon & Schuster.

Levine, P., & Kline, M. (2006). *Trauma through a child's eyes: Awakening the ordinary miracle of healing*. Berkeley, CA: North Atlantic Books.

Lieberman, A., & Van Horn, P. (2013). Infants and young children in military families: A conceptual model for intervention. *Clinical Child and Family Psychology Review, 16*, 282-293. doi:10.1007/s10567-013-0140-4

Long, N. J., Fecser, F. A., & Brendtro, L. K. (1998). Life space crisis intervention: New skills for reclaiming students showing patterns of self-defeating behavior. *Healing Magazine, 3*(2), 2-23. Retrieved from http://www.lsci.org/files/lsci/professionals/LSCI-Articel.pdf

Lovallo, W. R. (2005). *Stress & health: Biological and psychological interactions*(2nd ed.). Thousan Oaks, CA: Sage.

Luby, J., Belden, A., Botteron, K., Marrus, N., Harms, M., Babb, C., ... Barch, D. (2013). The effects of poverty on childhood brain development: The mediating effect of caregiving and stressful life events. *JAMA Pediatrics, 167*, 1135-1142. doi:10.1001/jamapediatrics.2013.3139

Martin, H. (1979). Child abuse and development. *Child Abuse and Neglect, 3*, 415-421.

McCrory, E., De Brito, S., & Viding, E. (2011). The impact of childhood maltreatment: A review of neurological and genetic factors. *Frontiers in Psychiatry, 2*(48), 1-14. doi:10.3389/fpsyt.2011.00048

Mischel, W., Ebbesen, E. B., & Raskoff Zeiss, A. (1972). Cognitive and attentional mechanisms in delay of gratification. *Journal of Personality and Social Psychology, 21*, 204-218. doi:10.1037/h0032198

Money, J. (1982). Child abuse: Growth failure, I.Q. deficit, and learning disability. *Journal of Learning Disabilities, 120*, 439-446.

Mullinar, L., & Hunt, C. (Eds.).(1997). *Breaking the silence: Survivors of child abuse speak out.* Sydney, Australia: Hodder & Stoughton.

National Child Traumatic Stress Network. (2009). *Child traumatic stress introduction information sheets.* Retrieved from http://www.nctsn.org

National Child Traumatic Stress Network Schools Committee. (2008). *Child trauma toolkit for educators. Los Angeles*, CA & Durham, NC: NCCTS.

National Commission on Teaching and America's Future. (2007). *The high cost of teacher turnover.* Washington, DC: Author.

National Scientific Center on the Developing Child. (2005). *Excessive stress disrupts the architecture of the developing brain* (Working Paper No.3). Retrieved from www.developingchild.harvard.edu/indez.php/resources/reports and working papers/working papers/wp3

National Scientific Center on the Developing Child. (2006). *Early exposure to toxic substances damages brain architecture* (Working Paper No.4). Retrieved from www.developingchild.harvard.edu/index.php/resources/reports/resources/reports and working papers/working papers/wp4

National Scientific Council on the Developing Child. (2007). *The timing and quality of early life experiences combine to shape brain architecture* (Working Paper No.5). Retrieved from http://developingchild.harvard.edu/index.php/resources/reports and working papers/working papers/wp5

National Scientific Council on the Developing Child. (2010). *Early experiences can alter gene expression and affect long-term development* (Working Paper No.10). Retrieved from www.developingchild.harvard.edu

National Scientific Council on the Developing Child. (2012). *The science of neglect: The persistent absence of responsive care disrupts the developing brain* (Working Paper No.12). Retrieved from www,developingchild.harvard.edu/index.php/resources/reports and working papers/working papers/wp12/

New America Foundation. (2013). *Federal education budget.* Retrieved from www.newamerica.net/background

No Child Left Behind(NCLB) Act of 2001, Pub. L. NO. 107-110, 115, Stat. 1425 (2002).

Noguera, P. A. (1995). Preventing and producing violence: A critical anaysis of responses to school violence. *Harvard Educational Review, 65*, 189-212.

Nystran, M. (2006). Research on the role of classroom discourse as it affects reading comprehension. *Research in the Teaching of English, 40*, 393-412.

O'Connor, E., & McCartney, K. (2007). Examining teacher-child relationships and achievement as part of an ecological model of development. *American Educational Research Journal, 44*, 340-369. doi:10.3102/0002831207302172

Oehlberg, B. (2012). *Ending the shame: Transforming public education so it works for all students*. Pittsburgh, PA: RoseDog Books.

Osofsky, J. D. & Osofsky, H. J. (1999). Developmental implications of violence in youth. In M. Levine, W. B. Carey, & A. C. Crocker (Eds.), *Developmental and behavioral pediatrics* (3rd ed., pp. 493-498). Philadelphia, PA: W. B. Saunders.

Parker, P. D., & Martin, A. J. (2009). Coping and buoyancy in the work place: Understanding their effect on teachers' work related well-being and engagement. *Teaching and Teacher Education, 25*(1), 68-75.

Peckham, H. (2013). Epigenetics: The dogma-defying discovery that genes learn from experience. *International Journal of Neuropsychotherapy, 1*, 9-20. doi:10.12744/ijnpt.2013.0009-0020

Perkins, M., & Graham-Bermann, S. (2012). Violence exposure and the development of school-related functioning: Mental health, neurocognition, and learning. *Aggression and Violent Behavior, 17*(1), 89-98.

Perry, B. (1997). Incubated in terror: Neurodevelopmental factors in the "cycle of violence." In J. Osofsky(Ed.), *Children in a violent society* (pp. 124-145). New York: Guilford Press.

Perry, B. (2002). Childhood experiences and the expression of genetic potential: What children can tell us about nature and nurture. *Brain and Mind, 3*, 79-100.

Perry, B. (2006). Applying principles of neurodevelopment to clinical work with maltreated and traumatized children: The neurosequential model of therapeutics. In N. B. Webb (Ed.), *Working with traumatized youth in child welfare* (pp. 27-52). New York, NY: Guilford Press.

Perry, B. (2013). *Bonding and attachment in maltreated children: Consequences of emotional neglect in childhood*. Houston, TX: The ChildTrauma Academy.

Perry, B. (2014). The cost of caring: Understanding and preventing secondary stress when working with traumatized and maltreated children. *CTA parents and caregiver education series 2*(7). Houstan, TX: The ChildTrauma Academy Press.

Porche, M. V., Fortuna, L. R., Lin, J., & Algeria, M. (2011). Childhood trauma and psychiatric disorders as correlates of school dropout in a national sample of young adults. *Child Development, 82*(3), 982-998.

Portnoy, D. (2011). Burnout and compassion fatigue: Watch for the signs. *Health Progress, 92*(4), 45-50. Retrieved from http://www.compassionfatigue.org/pages/healthprogress.pdf

Quinn, M., Rutherford, R. B., Leone, P. F. (2001). *Students with disabilities in correctional facilities*. Reston, VA: ERIC Clearing House on Disabilities and Gifted Education.

Rameson, L. T., & Lieberman, M. (2009). Empathy: A social cognitive neuroscience approach. *Social and Personality Psychology Compass, 3*, 94-110. doi:10.1111/j.1751-9004.2008.00154.x

Rapoport, J. L., & Gogtay, N. (2008). Brain neuroplasticity in healty, hyperactive, and psychotic children: Insights from neuroimaging. *Neuropsychopharmacology, 33*, 181-197. doi:10.1038/sj.npp.1301553

Roeser, R. W., Skinner, E., Beers, J., & Jennings, P. (2012). Mindfulness training and teachers' professional development. *Child Developmental Perspectives, 6*(2), 167-173. doi:10.1111/j.1750-8606.2012.000238

트라우마 공감학교

Ronfeldt, M., Loebs, S., & Wyckoff, J. (2013, Feburary). How teacher turnover harms student achievement. *American Educational Research Journal, 50*, 4-36. doi:10.3102/0002831212463813

Rosenbloom, D. J., Pratt, A. C., & Pearlman, L. A. (1995). Helpers' responses to trauma work: Understanding and intervening in an organization. In B. H. Stamm (Ed.), *Secondary traumatic stress: Self-care issues for clinicians, researchers, and educators* (pp. 65-79). Baltimore, MD: Sidran Press.

Rosenfeld, L. R., Richman, J. M., & Bowen, C. L. (2000). Social support networks and school outcomes: The centrality of the teacher. *Child and Adolescent Social Work Journal, 17*, 205-226. doi:10.1023/A%3A1007535930286

Rude, S. S., Wenglaff, R. M., Gibbs, B., Vane, J., & Whitney, T. (2002). Negativity biases predict subsequent depressive symptoms. *Cognition and Emotion, 16*(3), 423-440.

Schore, A. N. (2001). Effects of a secure attachment relationship on right brain development, affect regulation, and infant mental health. *Infant Mental Health Journal, 22*, 7-66. doi:10.1002/1097-0355(200101/04)22:1<7::AIDIMHJ2>3.0.CO;2-N

Schore, A. N. (2003). Early relational trauma, disorganized attachment, and the development of a predisposition to violence. In M. Solomon, & D. Siegel (Eds.), *Healing trauma: Attachment, mind, body and brain* (pp. 107-167). New York, NY: Norton.

Schore, J., & Schore, A. N. (2008). Modern attachment theory: The central role of affect regulation in development and treatment. *Clinical Social Work Journal, 36*, 9-20. doi:10.1007/s10615-007-0111-7

Schuengel, C., Oosterman, M., & Sterkenburg, P. S. (2009). Children with disrupted attachment histories: Interventions and psychophysiological indices of effects. *Child and Adolescent Psychiatry and Mental Health, 26*. doi:10.1186/1753-2000-3-26

Shonkoff, J. P., & Garnet, A. S. (2012). The lifelong effects of early childhood adversity and toxic stress. *Pediatrics, 129*, e232-e246. doi:10.1542/peds.2011-2663

Siegel, D. J. (2010). *Mindsight: The new science of personal transformation.* New York, NY: Bantam Books.

Siegel, D. J. (2012). *The developing mind: How relationships and brain interact to shape who we are* (2nd ed.). New Yotk, NY: Guilford Press.

Siegel, D. J., & Bryson, T. P. (2012). *The whole-brain child: 12 revolutionary strategies to nurture your child's developing mind.* New York, NY: Bantam.

Siegel, D. J., & Bryson, T. P. (2014). *No-drama discipline: The whole-brain way to calm the chaos and nurture your child's developing mind.* New York, NY: Bantam.

Seigler, R. S. (1998). *Children's thinking.* Upper Saddle River, NJ: Prentice-Hall.

Sigelman, C. K., & Rider, E. A. (2015). *Life-span human development* (8th ed.). Stamford, CT: Cengage Learning.

Simon, S, N., & Johnson, S. M. (2015). Teacher turnover in high-poverty schools: What we know and can do. *Teachers College Record, 117*(3), 1-36.

Skinner, E., & Beers, J. (in press). Mindfulness and teachers' coping in the classroom: A developmental model of teacher stress, coping, and everyday resilience. In K. Schonert-Reichl, & R. W. Roeser (Eds.), *Handbook on mindfulness in education: Emerging theory, research, and programs.* New York, NY: Springer-Verlag.

Snyder, H. N. (2005). *Juvenile arrests 2003. OJJDP Juvenile Justice Bulletin*, p. 9. Washington, DC: Office of Juvenile Justice and Delinquency Prevention, Office of Justice Programs, U. S> Department of Justice.

Spillane, J. P., Hallett, T., & Diamond, J. B. (2003). Forms of capital and the construction of leadership: Instructional leadership in urban elementary schools. *Sociology of Education, 76*, 1-17.

Sprague, J. (2014). Integrating PBIS and Restorative Discipline. *The Special EDge, 27*(3), 11-13. Retrieved from
www.calstat.org/publications/article_detail.php?a_id=216&nl_id=130

Sprenger, M. (2013). *Teaching the critical vocabulary of the common core: 55 words that make or break student understanding.* Alexandria, VA: ASCD.

Sugai, G., Horner, R. H., Dunlap, G., Hieneman, M., Lewis, T. J., Nelson, C. M., … Ruef, M. B. (2000). Applying positive behavior support and functional behavioral assessment in schools. *Journal of Positive Behavior Interventions, 2*, 131-143. doi:10.1177/109830070000200302

Taylor, D. (2013, June 10). Link between early trauma and bad health. *Philadelphia Inquirer.* Retrieved from
articles.philly.com/2013-06-10/news/39875238_1_aces-heart-disease-infectious-disease

Teicher, M. H. (2000). Wounds that time won't heal. *Cerebrum.* Retrieved from
www.dana.org/Cerebrum/2000/Wounds_That_Time_won't_Heal_The_Neurobiology_of_Child_Abuse

Teicher, M. H., Andeerson, C. M., & Polcari, A. (2012). Childhood maltreatment is associated with reduced volume in hippocampus subfields CA3, denate gyrus and subiculum. *Proceedings of the National Academy of Sciences of USA, 109*(9), E563-E572.

Teicher, M. H., Anderson, S. L., Polcari, A., Anderson, C. M., & Navalta, C. P. (2002). Developmental neurobiology of childhood stress and trauma. *The Psychiatric Clinics of North America, 25*, 397-426. doi:10.1016/S0193-953X(01)00003-X

Teicher, M. H., Dumont, N, L., Ito, Y., Vaituzis, C., Giedd, J. N., & Andersen, S. L. (2004). Childhood neglect is associated with reduced corpus callosum area. *Biological Psychiatry, 56*, 80-85. doi:10.1016/j.biopsych.2004.03.016

Tomlinson, C. A. (2001). *How to differentiate instruction in mixed-ability classrooms* (2nd ed.). Alexandria, VA: Association for Supervision and Curriculum Development.

Tucker, D. M. (1992). Developing emotions and cortical networks. In M. R, Gunner, & C. A. Nelson (Eds.), *Developmental behavioral neuroscience: The Minnesota symposia on child psychology* (vol. 24, pp. 75-128). Hillsdale, NJ: Lawrence Erlbaum.

Tugade, M. M., Frederickson, B. L., & Barrett, L. F. (2004). Psychological resilience and positive emotional granularity: Examining the benefits of positive emotion on coping and health. *Journal of Personality, 72*(6), 1161-1190. doi:10.1111/I1467-6494-2004-00294.x

van der Kolk, B. (2001). *Remarks at Helping Traumatized Children Learn conference* [Transcript on file at Massachusetts Advocates for Children, 25 Kingston Street, Boston, MA 02111, 617-357-8436]. Paper presented at the Lesley College, Massachusetts Adovocates for Children(MAC), and the Task Force on Children Affected by Domestic Violence, Cambridge, MA.

van der Kolk, B. A. (2003). The neurobiology of childhood trauma and abuse. *Child Adolescent Psychiatric Clinics of North America, 12*(2), 293-317.

van der Kolk, B. A. (2005). Developmental trauma disorder. *Psychiatric Annals, 35*, 401-408. Retrieved from
http://www.wjcia.org/conpast/2008/trauma/trauma.pdg

van der Kolk, B. A. (2008). Developmental trauma disorder: Toward a rational diagnosis of children with complex trauma histories. *Praxis der kinderpsychologie und kinderpsychiatrie, 58*(8), 572-586. Translation retrieved at www.traumacenter.org/products/pdf_file/preprint_dev_trauma_disorder.pdf

van der Kolk, B. (2014). *The body keeps the score: Brain, mind, and body in the healing of trauma.* New York, NY: Viking.

Warren, M. R. (2005). Comminities and schools: A new view of urban education reform. *Harvard Educational Review, 75*, 133-173. Retrieved from isites.harvard.edu/fs/docs/icb.topic1373484.files/Warren_2005.pdf

Wiley, M. S. (2004). The limits of talk: An interview with Bessel van der Kolk. *Psychotherapy Networker, 28*(4), 1-5.

Wilson, J. Q., & Kelling, G. L. (1982, March 1). Broken windows: The police and neighborhood safety. *The Atlantic, 249*, 29-38. Retrieved from www.theatlantic.com/magazine/archive/1982/03/broken-windows/304465/

Willis, J. A. (2008). Building a bridge freom neuroscience to the classroom. *Phi Delta Kappan, 89*(6), 424-427.

Wolpow, R., Johnson, M. M., Hertel, R., & Kincaid, S. O. (2009). *The heart of learning and teaching: Compassion, resiliency, and academic success.* State of Washington Office of Superintendent of Public Instruction. Retrieved from http://www.k12.wa.us/compassionateschools/pubdocs/theheartoflearningandteaching.pdf

Zapf, D. (2002). Emotion work and psychological well-being: A review of the literature and some conceptual consideerations. *Human Resource Management Review, 12*, 237-268. doi:10.1016/S1053-4822(02)00048-7

Zhao, Y. (2014). *Who's afraid of the big, bad dragon? Why China has the best (and the worst) education system in the world.* San Francisco, CA: Jossey-Bass.

찾아보기

각뇌Angular Gyrus 95
감각 다이어트sensory diet 136, 148, 160
감정 조절 수업emotional regulation 141
강화 수반성contingency reinforcement 133, 135, 140-141, 165
개별화 수업differentiated instruction 17, 31, 37, 117, 200
공감 피로compassion tatigue 30, 164, 166-169, 173, 180
공동 조절자co-regulators 78
공동 주시joint attention 59, 129
긍정적 행동 지원Positive Behavior Support, PBS 28, 31, 36, 80, 82
깨진 창문 이론broken window theory 75

『남태평양South Pacific』 151
내용 영역 활동content area activities 136
뇌간Brain Stem 26, 48-49, 103, 125, 129, 148, 155
뇌 검사brain scan 142
뇌들보Corpus Callosum 48, 92, 97-98, 136, 145
뇌 가소성brain plasticity 27, 61, 134

다중 피해자화poly-victimization 41, 44
대뇌 변연계Limbic Area 48-49, 63, 127
대상 영속성object permanence 88
독성 스트레스toxic stress 14, 72, 217
「Dropout Nation」 5

레모브의 분류학Lemov's Taxonomy 75
리바운드 기술rebound skill 152

마인드사이트mindsight 179, 181
마음이론theory-of-mind 90
마음을 통한 선별법SIFTing 142
마음챙김mindfulness 17, 140, 143-144, 158, 160, 174
문답식 지도dialogic teaching 17, 31, 37, 122-123, 200
미국 교육통계청National Center for Educational Statistics 5
미국 국립 아카데미 의학 연구소Institute of Medicine of the National Academies 24
미국 어린이 트라우마 스트레스 네트워크National Child Traumatic Stress Network, NCTSN 46, 207
『미국 의학협회 저널 소아과학JAMA Pediatrics』51
미국질병통제센터the Centers for Disease Control and Prevention, CDC 6, 41

발달 트라우마 장애Developmental Trauma Disorder, DTD 46
베르니케 영역Wernicke's Area 94-96, 103
보통 사람의 교육학folk pedagogy 187
보편적 학습설계universal design for learning, UDL 117
부정적 아동기 경험Adverse Childhood Experience, ACE 6, 9, 41-44, 47, 51, 124, 201, 205-210, 214-215, 218
부정적 아동기 경험을 위한 사회적 네트워크ACEs Connection Network 9
부정적 편향negativity bias 151
불관용 정책zero tolerance policies 4, 22, 23, 54, 75
브로카 영역Broca's Area 94-95, 103

사일로 효과silo effect 15
사회정서적 학습social-emotional learning, SEL 31, 196
상측두회Superior Temporal Gyrus 94, 96
소뇌충부Cerebellom Vermis 146
소진burnout 18, 167, 219
쌍무적 일관성bilateral coherence 97
시겔Daniel J. Siegel 49, 141, 143, 148, 155, 178
시뮬레이션 이론simulation theory 90
신경 가소성neuroplasticity 25, 40, 51, 58, 61, 151
심상 유도guided imagery 142

아동 낙오 방지법No Child Left Behind, NCLB 15

아동 발달 국립과학센터National Scientific on the Developing Child 14

아스퍼거 증후군Asperger syndrome 91

안전한 시민학교Safe & Civil Schools 6

안전하고 지지적인 학교safe and supportive schools 28

애착 관계attachment relationship 17, 25, 58-60, 62-66, 69-72, 74-75, 78-79, 86, 88-89, 93, 100-101, 150, 177, 207

Urban ACE Study 50

억제 조절 101, 102

오귀인misattribution 95

요담변(TNT) 전략 155

외상 후 스트레스 장애Post-Traumatic Stress Disorder, PTSD 44, 210

외현 기억explicit memory 100-101

2차 트라우마secondary trauma 163, 166, 168, 172, 179, 218

인지 네트워크 117

인지 유연성 68, 101, 104, 149, 156

일등 경쟁Race on the Top 15

일차 시각 피질Primary Visusal Cortex 94

일차 운동 피질Primary Mortor Cortex 94

일차 청각 피질Primary Auditory Cortex 94

일탈 행동 22, 23, 24, 32, 167

일화 기억episodic memory 100

자기공명영상법(MRI) 113

자기대화self-talking 90-91, 92

자기분화self-differentiation 120

자기성찰 17, 81, 117, 140, 178, 190, 202, 208

자기조절self-regulation 172

작업 기억 103-104, 109, 117-118

재현의 삼각형reenactment triangle 188-189

재현의 징조들bids for reenactment 130

전략 네트워크 116, 117

정서 네트워크 116, 119

조망 수용perspective taking 93

존중 합의respect agreement 148

지원적 접근 6

집행 기능executive function 17, 84, 98, 101-102, 104, 105-106, 113, 117-118, 143, 146, 155, 156, 158

트라우마 공감학교

징벌적 접근 6

차일드 트렌즈Child Trends 198
청소년 피해자화 설문조사Juvenile Victimization Questionnaire, JVQ 43-44, 46
초단기적 뇌 휴식mini brain breaks 178
총기 없는 학교 4
침묵의 음모conspiracy of silence 34

카이저 퍼머넌트Kaiser Permanente 6, 40, 50
컬럼바인 고교 22

트라우마 전염 18, 29, 172, 179
트라우마 인지 기반 교육 27
트러스트 워크trust walk 127
t-차트 148
TPS(Think-Pair-Share) 115
트라우마 공감학교trauma-sensitive schools 7-9, 16-18, 20, 21-22, 23, 27, 28, 30-31, 32, 33, 34, 65, 67, 76, 113, 116, 120, 122, 123, 128, 130, 140, 146, 147, 153, 155, 156, 170, 174, 184, 187, 189, 190, 192, 194, 195, 198, 201

『파이 델타 카판Phi Delta Kappan』13
편도체Amygdala 47, 91

학교 내 트라우마를 위한 긍정적 행동개입 6
학교 내 트라우마를 위한 인지적 행동개입 6
해마Hippocampus 47, 91, 103, 145
행위주체 의식personal agency 58, 75, 106, 112, 128, 130, 132, 151, 158, 171, 182
회복력resilience 6, 16, 18, 28, 138, 140, 149, 153, 154, 155, 156, 157, 173, 174, 175
회복력 향상 연습resilience building practice 7
회복적 훈육 147-149, 157
효율 일지efficacy journal 181

트라우마 공감학교

초판 1쇄 발행 2020년 1월 10일

지은이 수잔 크레이그
옮긴이 김현수

발행인 김병주
출판부문대표 임종훈
주간 이하영
편집 신수열, 김준섭
디자인 홍윤이
마케팅 박란희
펴낸 곳 ㈜에듀니티(www.eduniety.net)
도서문의 070-4342-6114
일원화 구입처 031-407-6368 ㈜태양
등록 2009년 1월 6일 제300-2011-51호
주소 서울특별시 종로구 인사동5길 29번지 태화빌딩 9층

ISBN 979-11-6425-040-0 〔13370〕
값은 뒤표지에 있습니다.